新しい住居
つくり手としての女性

（初版 1924 年　Verlag Klinkhardt&Biermann 刊）

献　辞

女性の諸君に捧ぐ！

世紀の振り子（ヤーフンデルトペンデル）は最下点を指し、再び上方へ舞い上がろうとしている。

かつて否定されていたことは、今や新しき目途の下に肯定されようとしている。

これまで女性は家に背を向けなければならなかったが、今や再び家の方へと向かっている。

創造性は、批評（クリティーク）からこそ生まれ出るのだ。もはや批難論駁が批評なのではない。

新しい方向性へとまなざしを向けることこそ批評そのものの姿なのである。

1924 年 1 月 1 日　ベルリンにて

目　次

I．今日の住居

今日の住居（ヴォーヌング）を批判的に考察し、その変革を試みようとすると、幾多の思考、希望、願望が生まれるのも確かだが、同時に、これに対する反発、記憶の残像、貴重な財産に傷を付けることへの躊躇、こうしたものもまた頭を擡げ始めてくるのだ！

これまでに数知れぬ程の住居改善が試みられてきた。建築家は、新しい住居平面の中でより効率的な家具配置を実現させせようと頭を悩ませ、実際、良質な住宅も多く建設された。けれども、大量の家具やら途方もない量のガラクタを引き連れて入居してくる人たちを実際に見るや、建築家はやむなく諦観するに徹し、終いには、少なくとも自分達の建てた建築物やジードルング[1]が、外見上は素晴らしき顔を持っていれば良いという点に満足を見出すより仕方がない状況に至ったのである。

だが、いくら容貌が美しいからといって、人間でも栄養が偏ったり消化不良を起こしたりすればやがて容色が衰えていくように、こと建築に関しても同様のことが言えるのである。住宅（ハウス）の内部、居住者の生活もまた同様に整然とし、それが明晰さ（クラーハイト）の内へと吸収されていくようでなければならないのであって、さもなければ本当の意味での建築は決して実現されないのである。

本書は、第一に女性に向けて書かれたものであるが、既に公にされている数多くの建築理論・建築的命題に加え、ここにさらに新しいものがひとつ提示されるからといって、彼女らに危惧の念を抱いて欲しくはない。本来そうした書は、むしろ極めて簡潔に今日の住宅事情を理解させるものでなければならないし、また主婦の負担を軽減させていくという方策はどのように実現可能か、という問いに対して細やかな概略を提示しなければならないのである。本書は、間違いなくこの眼目に最大限取り組もうとするものである。というのも、女性こそがそもそも住まい（ハイム）のつくり手なのであり、しかも今日、その女性の傍に存在すべきあらゆる事柄が間断なく片っ端から消滅し続けてしまっているからである。従って、今こそこう言おう。「建築家が考え、主婦は操る」のだ。

女性たちを彼女ら自身も知らないうちに、住居（ヴォーヌング）の奴隷としているのが今日の姿である。女性は、自らの全生涯を毎日、毎時間、営々とやってもやっても切りがない料理や洗濯、掃除、裁縫といった類の労働のために犠牲にしているのだ。しかしながら、唯、現実的かつ経済的問題のみを以ってこの解決に当たれば、彼女らの境遇がたちどころに改善されるという考えは誤りであり、実際にはその逆のように思われる。すなわち、現実的な問題よりも感情の上での問題の方がより一層重要な意味を持っているのである。女性は、自分や夫が「寛いでいる（ゲミュートリッヒ）」と感じられるよう、習慣的に種々雑多な絵画だの、鏡、カバーやテーブルクロスなどの覆い、カーテンまたカーテン、枕の山、絨毯、マット、時計、掲げられた写真や土産物の類、飾り戸棚に収まった小さな置物の山、持ち送りテーブルなどを総動員して部屋を作り上げたがるものである。

確かに、今後それらを物理的に改善することは雑作なかろう。但、そうして壁から絵が取り払われるとなると、やはりどうしても冷たい印象を受けるものであるし、全くもって簡素で見通しの利くような室内は平凡に見えてしまうと思われているのだ。

しかも、たとえ所帯を持ち始めた当初は強固な意志があったとしても、たとえ若い女性が非実用的な御祝いの品々（絵画、胸像、円柱など）を実用的な何らかの品（調理用保温器、冷蔵庫、すすぎ洗浄機など）に交換したいと考えても、女性でも男性でも一体誰が勇気を奮い起こし、この何年、何十年という時間の経過と共に積み溜められたガラクタを捨て去ろうと努めただろうか！　また、手紙を焼却処分したり、その時々の贈り物をその時限りの物と見做したりすること、つまり価値の無い物として廃棄するということも同様に稀なのである。

物に対する呪物主義（フェティシズムス）に駆り立てられ、あるいは捨ててしまったら何かが起こるのではなかろうかという迷信を信じ込むあまり、人間は物に権力と支配とを与え、そうして自らが自分の家の中で一国一城の主となる代わりに、生きてもいない物の専制に屈従するという事態に陥っている。

こうした自主性の放棄は、良好であった共同生活を知らず識らずの間に蝕み、やがて家族諸共疲弊させていく、女性の神経過敏・神経衰弱症状が現われてくるのだが、それもこれも過剰な仕事が原因であるとされているのである。それにも拘わらず、女性も含めその誰ひとりとして仕事そのものの軽減を望んではいない。その根底に伏在しているのが、実は先祖返り（アタヴィスムス）、祖父の時代からの記憶の残像、物に対する呪物主義（フェティシズムス）、不必要な品々だとはよもや思いだにしないからであり、その不要な物品は大抵の場合、母親が垢抜けない惨めたらしい物にしているのである。

こうした実情は否めない。そこで以下に、そうした不要品を廃棄すべきこと、さらに経済的、実用的な要素（エレメント）を提示しつつ、新しい住居の構築とは何たるか

〔図版 1〕 1883 年における模範的な住居
（『現代の発見』オットー・シュパマー出版 , ライプツィッヒ , 1883）

について逐次説明していきたいのであるが、そのために我々は先ず、かかる不要品を持ち込もうとする感情の上での要因を突き詰めて、その美的傾向と実情とを明らかにしなければならない。

こうしたありとあらゆるガラクタだの安っぽいダンス音楽だのが、70 年代、80 年代の「好景気（アウフシュヴング）(2)」と共に住居に入り込んできた事実は十分に知られているのだが、我々が未だに「好景気」の時代を引き摺っていることは、一般には何ら認識されていない。ユーゲントシュティール、ネオビーダーマイヤー様式、表現主義が終焉を迎えたものであれ、個々の品々が芸術的に評価に値する物であれ、紛い物であれ、それは全く問題ではない。根本的に問題なのは、むしろ住居内に山と積まれた余計な物であり、それを我々が今後黙認するのか、丁重に扱うのか、手入れをするのかが問われているのだ。

その際、家具がどのような様式の物であるか、あるいは、そのひとつひとつが美術館に所蔵されていても不思議ではない程の価値があるとか、はたまた平凡な市民が百貨店に並ぶ安物の粗悪品でなんとかやりくりしているなどということは何ら事を左右する問題ではない。いずれの場合も共に同様の原則が成り立っており、その原則の源とは「調和（アンサンブル）」にあるのだ。〔図版 1〕はその一例を示している。1883年に出版された本[3]の表紙絵を飾ったこの図は、我々にはある種の皮肉のようにも思われるのだが、これはこれで大真面目に当時の住居に対する願望を描いた「芸術的（キュンストラーリッシュ）」理想図を気取っている。しかも、その図に勝るとも劣らず真面目に書かれた次のような文章が踊っているのだ。

「数十年に亙り、家具は無骨で単調な物に堕し続けてきた。素材の上でも形態の上でも乏しく、加えて芸術家の目が創り出し、熟練した腕によって完成された装飾もまた乏しい。装飾そのものだけでなく、装飾技術の衰退は19世紀後半の始まりを特徴付けるものである。その後、一世代の時が過ぎ去り――欧州の産業力が力強く、輝かしく成長し、ひとつの際立ったアイディア、つまり工芸運動のもたらした効果として、それは世界博覧会に結実されたのだ。」

ゴットフリート・ゼムパーは、50年代に出版した著書『科学・産業・芸術――国民の芸術的感覚を刺激する提案[4]――』において、彼の見出した「芸術産業（クンストインダストリー）」なる言葉、およびそれに付随する事柄を本質的に現出させ、歴史的、だがまた悲劇的な役回りを演じている。ゼムパーの書以来、芸術産業は熱狂したように称賛されているのだ。

「春が自然の至る所で命を吹き込みながら到来してくるように、徐々に冬の硬直さと荒野に打ち勝っていくように、家に芸術がもたらされる際にも同様の生気や多面性が出現する。大地は掘り返され、かつてプリアモス[5]を魅惑した品々は、今日では我々の家具を洗練されたものとするため雛型に形づくられなくてはならない。アガメムノン[6]の宝は、相場師の装いに影響を与えるのだ……。」

「本物を入手するのが資金的に難しければ、産業が素材の面でも制作の面でも申し分ないその代用品を作り出してくれる。富裕層が本物（オリギナール）を入手できるのならば、資金に乏しい者はガルヴァーニ[7]の電気鍍金が施された模倣品（コピー）を求めることが可能だ。ある人が大理石製で持っている物でも、別の人は石膏製のそれを所有する。また王侯の豪華な広間に掛けられた非常に著名な画家による油絵などが、プリント版になって労働者の家の部屋に飾られていたりする。このように、芸術や美しいものは、至る所で教育の要素として作用している。芸術品を入手することが流行になり、また単に所有しているということが満足感をもたらすようになるや、人々は直ぐに知識、喜びと共に、精神と感性に対する影響を得るようになろう。」

上の文は再び1883年の著者の引用であるが、我々はこれに次のことを付け加えたい。それは、主婦の健全さや精神的欲求、気分に及ぼす影響（圏点訳者）である。かの時代、新聞広告欄では「良家の」お嬢さんが何と塵箒や塵取り作業のために求人されていた程だと、堅実で、至って信用に値する、ある中年の御婦人は述べている。また当時、各家庭のサロンは、その絢爛たるプラッシュが放つ見せ掛けの豪華さが陽を浴びてあまりに早く褪せてしまわないように、できるだけ北側に配置されねばならなかった程なのだ。

しかし、アメリカにおける家政運動の母と言われるリチャーズ婦人[(8)]が掲げた原則は、全く異るものである。つまり、

1．過去の伝統に縛られない現代住宅での生活

2．家庭生活を向上・改善させるため、科学が我々にもたらした知識および対策の活用

3．物と仕事の支配から家庭を解放し、洗練された理想像の下にそれらを相応しく適合させること

4．物質的環境、すなわち外的環境を最大限に簡素化すること。すると、家庭やその他一般的な事柄に対して関心を傾けるための精神性を解放することができる。

――なお、クリスティン・フレデリック著『新しい家事―家庭管理における効率性の研究―[(9)]』は、『合理的家庭管理の手引き』という題名でユリアス・シュプリンガー出版より独訳版がある（イレーネ・ヴィッテ訳、ベルリン、1921）――。

だが、未だアメリカでも、なお余りある感傷（ゼンティメンタール）的なガラクタを引き摺っていたため、「祖父の代からの家財道具」が一掃されていたという訳では勿論なかった。となると、あの1883年に出された本の著者も、かの「強烈な工芸運動」が2世代に亙って継続すると考えていたのならば、なるほど正鵠を射た指摘を遺したということになろうか。

但し今からは、そうした運動は崩壊し、蓋し止めの一撃を受け、余計な品々を生産する産業は、より重要な製品の生産に漸次切り換えていくことになるであろう。同時に女性たちは、健康や神経を蝕み、家事の負担を増やす手作業よりも、より快適な余暇の過ごし方を学ぶことになろう。

既述のように、「芸術的な」設備によって本質的な事柄を変革できるなどとは誤れる見解であり、これを鵜呑みにしてはいけない。この点については後程明確に述べることにしよう。

諸君は先ず、室内装飾デザインの新しい作品やその制作に参加した表現主義の画家・彫刻家を一度でよいから吟味してみるがよい。その際、私はこの友人たちの誰にも賛同しようとは思わない。というのも我々は皆、言うなればある形式の中に嵌め込まれ続けてきたからである。しかも何ということか、それは常に同一の像（ビルト）なのである。

〔図版 2〕 ショッペ　ベルリンの夜会　1825

取り囲んでいるその「凄いこと（ディンゲ）」は大袈裟に見立てられ、全てはただ観るだけの美術館そのものといったようなもの、全体がひとつの作られた「像（ビルト）」となるのだ。そこで本来主役であるはずの人間は、単に余計なだけでなく厭わしい存在にされている。

ただ雑然と積み重ねられるこうした折衷様式から形態を解放しようという努力は、ある程度まで成功だった。つまり、マッキントシュ、ライト、オルブリッヒ、ベーレンス、ヴァン・デ・ベルデらは、純粋性や究極の単純性の領域へとかなり頻繁に挑んできたのだが、近年になって、この僅かな輝きを放つ閃光も掻き消されつつあるように思われる。そこで今、全く別の側面から、すなわち女性の運命について洞察することから新たな希望が花を咲かせようとしているのだ。

さて、芸術家によるそうした外面的操作に対して、人々は至極もっともな懐疑心を抱き、従って、正当な要求に基づいて構築された歴史上の室内造形をせめてもの手掛かりにしようと、美術館へと逃げ込んできたのである。このことは、シュルツェ＝ナウムブルク[10]なる名前に結び付く趨勢から先ず影響されている。まったく、いかに美術館が一般の精神状態を混乱に貶めてしまったことか！

バロックやロココといった古い部屋を、その時代に存在していたあらゆる物と結び付けながら一度思い描いてみるがよかろう。換気装置はおろか風呂も無いので悪臭が立ち込め、はたまた「椅子型便器（ナハトシュトゥール）」なるものは身の毛もよだつ程に臭い。当然、そうしたことから必要とされたのは強い香水、嗅ぎタバコ、パウダーであり、また忘れてはならないのが有害小動物の存在で、例えば、女性の髪の中に生息した虱を掻くための棒なども欠くべかざる必需品だったのだ。あらゆる物のいわば写実的な再現を目の当たりにすれば、古き「美しき」物に対する心酔の念などは瞬く間に冷めてしまうのではなかろうか。

ところが、昨今は骨董品も流行しており、大抵の郷土資料館にはいわゆるビーダーマイヤー様式の部屋さえあるのだ。そこで観る物と言えば、必ずと言ってよい程、狭苦しい部屋に多くの家具が詰め込まれ、壁面はと見渡せば絵画で埋め尽くされ、それら全ては決まって「本物」なのであるが、その構成たるやおよそ本物とは言い難いのである。夜会を描いたビーダーマイヤーの描写〔図版2〕と美術館の展示室とを比べてみて頂きたい。

そこには絵画は無く、家具も殆んど無い。テーブルクロスも掛けられていない上、絨毯は慎ましい物が1枚敷かれるのみである。同様に、閉じられた窓には簡素なカーテンが掛かるだけで、壁紙などは影も形も無い。全てが素を絵に描いたようなものであり、我々の感覚からすれば平凡で居心地も悪く、快く可愛らしい印象などは皆無であり、況やどうして「芸術的」などと言えようか。

II． 歴史的概観

歴史的な流れとは、こうして美術館について言及することで明らかにされていくのだが、この点にもう暫し筆を加えていこう。

今日では、確かに何から何まで歴史的に証明されなければならない状況にある。だが、だからといってこれからも常にそうする訳ではなかろうし、またいずれは、これまで絶対にそうだと思い込んできたことに対蹠する事柄も含め、全ては歴史的に証明されたようにされている（圏点訳者）ことに、加えて、歴史的な像（ビルト）とは、実は我々の像、すなわち我々の願望や好みが集積した対象に他ならないということに得心がいくであろう。なぜなら、ある日突如として昔の人々が我々の部屋に入って来ようものなら彼らを理解できないのと同様、過去の客観的な表象というものなど元より存在しないからである。たとえ我々の祖父の時代であっても、土台そんなことは無理な話である。

この点で、我々西洋世界における崇敬の念とは独特なものである。人間の生とは、死と共に消滅し、死人にはもはや活力がなく、これを無であると見做しているかと言うと、いやいや、世の中で起こることはそんなに単純な話ではない。どっこい、我々の体内では先祖たちの血がめぐり、彼らの魂（ガイスト）がなおも生き続けて――いや、こうしたこともまたそんなに単純な話でないというのも道理千万ではあるが――いるのである。しかもこの魂は、無視され瓶詰めにされたいなどと欲しているのではない。むしろ魂は生きることを、なおも生き続けることを欲しているのだ。取りも直さずこれは輪廻転生ということであろうか。

従って、以下に示す歴史上の事例は、後代になって補足された要素が無ければ、いかに室内造形が純正（ラインハルト）であるかという点を例証しようとするものである。何が純正かと言って、雑然と積み上げられた古い様式の山を引き摺っていなかった時ほど、純正な時代はなかったということが必ずや露呈されよう。そのことは、数多くの古い絵画や室内を描いた図面が、いとも簡単に「証明」してくれるのだ。勿論、我々にとってそこに話の眼目があるのではなく、我々自身のことこそ肝要視せねばならないのだが。

〔図版 3〕王侯の広間
15 世紀フランスの模型

〔図版 4〕ヤンセンス　住居　1650 年頃

〔図版 3〕に示された 15 世紀のフランスにおける模型は、ある王侯の広間を描写したものである。その室内空間は文字通りの無(ニヒツ)であり、ここではただ人間のみが全てなのである。つまり、我々の時代の内部空間の扱いをことごとく逆転させたものとなっている。これを見ると、我々は限りなく「凡庸な」内部空間の多くを継承させることなく、むしろ逆に空間の発展(ラウムアウスビルドゥング)が目に見えて減衰する時代へと移行してしまったことがわかる。そして、この衰退はイタリア・ルネサンスに端を発していた。

その一方で、例えばオランダの室内デザインは大変に簡素であり、当時の画家の見解に倣って、人間を前面に押し出す光の効果を調整させている。わけても、ヤンセンスの有名な一幅〔図版 4〕は興味深い。なぜなら、ここで壁面の絵は床や窓と調和関係にあるが、それが自然な形ではなく——それにしては位置が高すぎる——、そうした長方形の要素で壁面を分割させようとしているからである。その他、壁に掛けられた不格好な鏡に床模様が映り込んでいる様、あるいはここに描かれている椅子の形態からは、後のオランダにおける新しい室内デザインが生み出される瞬間を感得させるのだ。このことについては後程触れよう。

帝国時代(アンピールツァイト)にも目を向けてみよう。すると、空間についての考え方がまだまだ曖昧模糊とした時代にあっても、建築的な発展性を備えた空間そのものこそ重要視されていた事実が大方明らかになる。家具は常に控えめで、装飾上の取るに足らぬことが幾つか見受けられるにしても、人間の個性は依然として抑圧されてはいないのである。

華奢な感じのする古い英国のアダム様式の家具(11)については、〔図版 5〕に示されたような配置から理解し得る。何ら絵が掛かっていない壁、壁面の明るく透明感のある色調、そして装飾の控えられた天井。これらは、この環境の中に置かれる個々の家具に極めて高度なことを要求しているのだが、その要求は、

〔図版 5〕 アデルフィーのアダムの部屋
ロンドン

〔図版 6〕 ローテンブルクの部屋

偏に当時の大いなる精巧さ（フィネッセ）によってのみ満たされ得たのである。

こうした過度に洗練された文化とは異なり、中世における室内の形態は極めて力強く、殆んど粗野と言ってよいものであった。そうした事情からあらゆる家具の意味性は矮小化し、それゆえ我々の理解しているような家具は排除されている。〔図版 6〕では、窓周辺の言うなれば外装がそのまま室内側へと写し取られているが、こうした現象は古い時代に多く見られるものである。現代の主婦がこの窓を前にすれば、レースカーテンやらドレープカーテン、さらにランブレカン[12]などをどう取り付けたものかとさぞやてんてこまいになってしまうことであろう。

〔図版 7〕に示す農民の部屋（シュトゥーベ）では、これが木造建築であることから、細々とした日用品もその統一性の中に吸収され、同時に人間の個性を損なうこともなく、室内が力強く統合されている。農民のベッドもまた多様な形で木造建築と極めて厳格な結び付きを成しており、装飾術（オーナメンティック）を余すところなく用い、分かち難い内的構成要素へと溶かし込んでいるのである。このことから、装飾とは、何ら取り立てて強調しなければならぬようなものでないことが明らかになるのだ。

〔図版 8〕に見られる玄関ホールは、我々の観念からすると粗々しく力強いゴシック様式の空間構成を示唆するものであり、そうした傾向は他に、修道院や騎士団の城にあるアーチ状の居室、広間などに強く現われている。

次に、参照する対象をオリエントにまで拡大させると、気候・宗教などに左右される住習慣が、いかに内部空間の造形にも影響を与えてきたかということに得心がいく。勿論、私はここで文化史を説こうとしているのではない。そうではなく、空間の解釈とは、多種多様な生活習慣、様々に異なる居室の形態、

〔図版 7〕 ライネケ邸　ザルンタール（南チロル地方） 15 世紀末

〔図版 8〕玄関ホール　14 世紀中期

その大きさ、高さといった要素とは無関係に、本来どこにおいても同一であると的確に示したいのである。

現存する古代メソポタミア文明期の室内は、その気候上の必要から天井高が高く、ここでは中世時代の西洋に見たのと同様、今日のような家具設備は置けないという結論に至る。家具設備は、空間の大きさに比し、小さ過ぎもせず、また誇張されることもなく存在しなければならないからだ。せいぜいのところ、その時々に使用する家具、寝椅子程度の物がここでは考えられよう。また、室内で主に横臥するオリエントの人々の姿勢が影響し、特に天井の豊潤な装飾に強勢が置かれるのである。比較的簡素な家でさえ、天井は、木の羽目板に星やその他の形をした小さな鏡の付いた装飾が施されている。この中では、色ガラスの窓から溢れる光が陰影を描き、休養する者の視線は逸らされることなく、白い塗料で塗られた無装飾の壁面に集中する。またここには、用具を立て掛ける為の簡易なニッチ(13)があり、その壁自体にはしばしば控えめな彩色が施される。唯一、家具と言えるのは寝椅子ぐらいである。

〔図版 9〕居間の天井

〔図版 10〕バグダッドの居間

（ロイター『バグダッドとイランの住宅』より）

今なお小アジア、パレスチナ、北アフリカ、メソポタミア、アラビアにおいては、以上のような室内形態の見られる所があり、そのような絢爛たる天井の例は〔図版 9〕に、またバグダッドにある中庭へと通じる居間（オダ）の壁を〔図版 10〕に示しておいた。この内壁は外壁と全く同様に造られており、ここでもまたゴシックの例と違わず、カーテンや絵画を取り付けようなどという発想は不合理極まりないことなのである。

東洋の家屋には日本の家屋のように、寝室と居間の区分というものがない。日中の生活も就寝も、季節毎に異なる階、もしくは屋上、あるいはかつてのバグダッドの例に至っては暑さが酷ければ地下室でさえ営まれてきたのだ。こうした居室はドーム状の天井で覆われ、それは建築的にも構造的にも厳密で、しかも極限までの繊細さをも兼ね備えつつ構築されるが、少なくとも「寛ぎの（ゲミュートリッヒ）」部屋とは正対称を成すものである。ここでも今日的な無駄を伴った装飾などあり得ないのだ。バルカンのオスマン住宅では、今日でも壁に組み込む形で造り付けられた大きな棚が最大限に利用されているのが見られる。

イタリア・ルネサンス期の室内では、後世、ルネサンスの名の下に生み出されたような物は何ひとつ存在しなかった。我々は、今日まさにルネサンスの名誉を回復せねばなるまい。〔図版 11〕は、フィレンツェにあるダヴァンツァーティ宮の３階居室である。ということは、この住居の主要室（ハウプトラウム）ではない。にも拘わらず何という広さで、全体が何と簡潔に纏められていることか。しかもその家具たるや、飾り気もなく大層自由に配置されている。この画像は、説明を要せずとも自らを語っているのだ。つづまやかに表現された入り口のドア、小さなニッチにも興味が惹かれる。

東洋イスラム圏においては像を描く事が禁じられているため、絵画をめぐる問題は浮上する筈もないが、イタリア・ルネサンスでは彫像や絵画における具

〔図版 11〕ダヴァンツァーティ宮の 3 階居室　フィレンツェ

〔図版 12〕イタリアの家庭祭壇

象的な描写が大変盛んであったため、当然この問題が提起された。

その答のひとつは、〔図版 12〕が提示している。ルネサンスの初期においては、このような物が居間における唯一の像であった。大いなる包括の象徴（ズィムボール）――大地であり、日の出である――としての聖母マリア。初期ルネサンス時代を生きるイタリア人にはこれで十分であった。祈りの時にだけ、彼らはそれを開放したのであろう。それ以外の時には扉を閉め、像から発せられる精神上の気流が自らに影響を及ぼさないように、それによって災いを来たすことがないようにしたのだ。ひょっとすると、そのように像の影響が制御できないことを知った上で、モハメッドやモーゼは像の複製を禁じていたのかも知れまい。

ここに我々も考えさせられるに違いない部分がある。それは、我々を取り巻く多種多様な気配が、実は各々の芸術的描写、さらにその複製・生産に起因しているということであり、唯、件の扉を開けたり閉めたりしてみればこれを実証できるのだ。そうして機械的に我々が目で確認して、初めてそれを信じるということは、我々にとって誠に恥ずべき事ではある。しかし、あらゆる種類の図像が遍在し、我々を見つめることによって、しかもそれらが我々の前にも壁面の背後にも脇にも、書斎机の上にさえあり、かてて加えて人形や青銅像その他のものがあれば、我々の神経はもはやその効力を感じ取れない程に鈍磨させられてしまうのである。

肖像は、能動的な精神の表われとして見做されなければならない。従って、我々は常に能動的に像と対峙しなければならないし、受動的な状態ではその働きが我々に晒されてはならない。なぜなら、その時に災いを与えるものとなり得るからである――因みに、その働きは我々の身体を重い病に陥れ、胃の疾患を引き起こす、などとあるチベットの画家が主張したと言うが。

いずれにせよ、まさしくこうした理由から祈りと像との関係が明らかになるのであり、例えば教会や寺院以外で、気を許して像に立ち向かう領域こそが、最も注意すべき場所なのである。それゆえ、イタリアの室内にある小型の開閉式祭壇には用心せねばならない。さらに、図像の影響に対する無関心が拡がるに従って、住まいや住まいをめぐる慣習、すなわち人間の総体的な心構えは、一層の不透明さを帯びている。

今日では、こうした模範に倣って像を置く宗教的理由は滅多に存在しないので、像や写真、影像の設置を諦める必要はないものの、普段は目に触れないように保管し、それがいかなる芸術的価値を持とうと関係なく、それを眺めようという時にのみ取り出してくるべきである。そうした精神的な理由を除外しても、そもそも絵画を飾るために、室内の平滑で、塗色あるいは何らかの方法で仕上げられた壁面に釘を打ち付けてしまうのは甚だ野蛮な事であり、よしんば紐に掛けたとしても、絵画を飾るだけで既に、空間を領域付けるという壁の性質が奪われてしまうのであって、野蛮なことには変りはない。こうしたことからも、単に家計費を削減しようとする動機だけではなく、なぜ主婦の日常の仕事そのものを本質的に縮小しなければならないのかという問題の論拠が詳らかにされていくのである。

〔図版 13, 14〕は、1450 年頃のヴェネツィアにあった寝室と居間であり、より明白な形で当時の簡素な住宅設備を示している。居間には、ただ聖人の絵画のみが掛けられている。それ以外には壁際にベッドの側面のようなチェストがあり、当時この中には衣服や下着が収納されていた。外の風景を眺めることができる窓も誠に簡素である。総じて、室内は全くの空（レアー）であり、代わってその場で最も重要なのは人間であった。

〔図版 15〕は、ある簡素な寝室での奇蹟の癒しの場面である。部屋にはベッドとその下にあるチェスト以外には本当に何も無いという程、あまりに簡素で、ここにある物は一から十まで専ら合目的で明白な形式に則しており、壁面を覆う物すら何ひとつとして見当たらない。ただこうした部屋においてのみ、奇蹟の癒しは為され得ると考えたいものである。

かの時代の家具がいかに合目的で、素晴らしき品々であったかは、例えば〔図

〔図版 13〕ヴェネツィアの寝室　1450 年頃
（図版 11 ～ 18 は、F . ショットミューラー『イタリア・ルネサンスの住文化と家具』
J . ホフマン出版　シュトゥットガルトより）

〔図版 14〕ヴェネツィアの寝室　1450 年頃

版 16〕から理解する事ができるであろう。有名なはさみ椅子は、その形態も極めて明快であり、簡単に片付けられ使用する上でも大変便利で、しかも座り心地が良い。

〔図版 17〕には、神学者の書き物机および書斎が描かれている。これも同様に、何ら形態的無駄が無く、自明に、明瞭な形で構成されている。構築的に描かれている室内中央に設えられた高座に座るヒエロニムス(14)は、強く集中して彼の精神性に合致する姿勢を取っている。彼の仕事場である壇の基部はアーチ状で、床面から引き離されており、ひょっとすると、この形状は彼の精神的姿勢を一層強烈に暗示しているのかも知れまい。

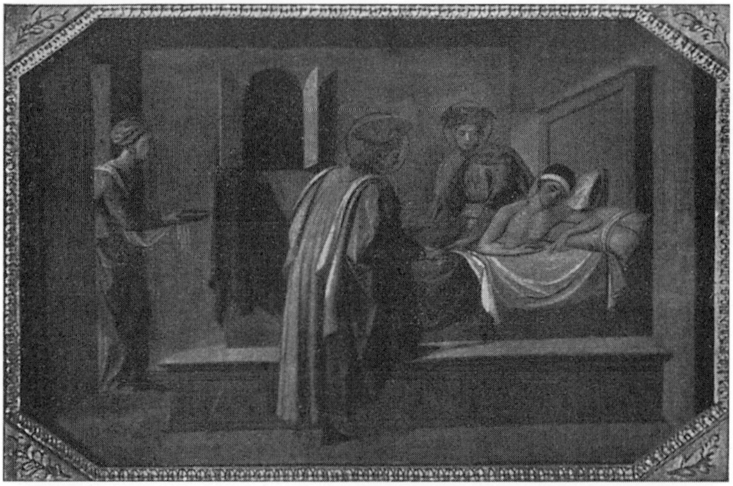

〔図版 15〕 F.ペセッリーノ　フィレンツェの寝室　1450 年頃 （奇蹟の癒し）

〔図版 16〕
イタリア製はさみ椅子
1500 年頃

〔図版 17〕アントネッロ・ダ・メッシーナ
書斎のS.ヒエロニムス　1479

〔図版 18〕 パオロ・ウッチェーロ，1450 年頃の商店（祭壇画）

〔図版 18〕は、1450 年頃の慎ましい商店であり、床、天井、壁のみで構成される空間には極度の厳格（シュトレンゲ）が漂う。

かつてのヨーロッパに見られたこうした空間的厳格は、極東の国、日本に今なお活き活きと受け継がれている住文化と結び付く。この厳格（シュトレンゲ）が、先頃の大震災後の復興事業によって失われない事を願うばかりだ。日本人が独自の住宅文化を鉄筋コンクリートのような新しい耐火材料を以って継承し、それをさらに発展させていくことを願わずにはいられない。おそらく日本には我々にとって馴染みの薄い風習、環境が存在していることだろうが、それにも拘わらず空間の形式については、悉くを彼らから学ぶことができるのだ。

日本の住居に壁体（マウアー）が無いことはよく知られている。壁（ヴァント）を単に束柱に張り付けるか、柱間の床に溝を掘り、そこに必要に応じて挿入するかである。詰まるところ、単なる内側の壁ではなく、これは同時に外壁でもあるのだ。窓は無く、外壁が部分的に紙で張られており、穏やかで仄かな光が部屋の中にもたらされるのだ。家は幾つもの部屋に仕切ることもできるし、夏季には完全な開放空間へ様変わりさせることもできる。

だが、こうした点もさることながら、日本では、必要なき場合には基本的に室内に全く家具を置かないという事実こそ、我々にとって核心を突く事柄なのである。

普段、家具は特別に造り付けられた広い壁収納に保管されており、これは色々な面でイスラム圏のオリエントに似ている。人々はマットが敷かれた床に座り、就寝時にはマットレスを敷くので、家具の必要性は極端に限定され、何も置かれていない簡素な室内は広々とした状態のままなのだ。

彼らは、こうした部屋を装飾によって破壊しようとする誘惑にかられないのであり、そのことは、例えば〔図版 19〕の比較的豪華な家屋の室内デザインが示している。特別な折に掛ける絵を飾るためだけの正式なニッチ（床の間＝家庭祭壇）とその隣に茶道具のためのニッチが見られる。その他の壁は、非常に淡い感じの木柱と、微かに囁くような趣の絵画があるだけなのである。

〔図版 20〕の小さな部屋は、同様の原理に基づいて 17 世紀に建造されたものである。その繊細さといい、色彩の控えめな使用といい、さらには仄かに淡い色彩と力強くも柔らかい光の面とが宥和を織り成す相貌は、日本人の衣服と同一のものである。

日本人の衣は染色された絹織物であり、その装いたるや、まるで眩いばかりの座布団が床面に並べられたようである。彼等は、その室内において完全に本来の自己の姿を得、室内の形態、色彩の簡素さ、その衣服の素晴らしさは、この事実を非常に強く強調しているのである。道教の教えに依れば、住宅（ヴォーンハウス）なるものは人生にもなぞらえられるように、ほんの刹那的に滞在する庵以上の何

〔図版 19〕 醍醐寺　三宝院の寝殿

〔図版 20〕真珠庵　山城

物でもないのだ——先祖が創り出した簡素な竹小屋の記憶のままに。

それゆえ、まるでそうした意識を喚起するかのように、茶室では厳選された未加工の木材が柱として用いられている。

この色彩に関して、我々も同じ物を用いる事ができるだろうか、と問い掛ける向きもあろうが、その前提となるのは色彩性豊かな衣服となろう。なぜならば、こうしたことは短兵急に為され得る事ではなく、結句、我々の間では仮装に留まってしまうのである。我々はむしろ日本の模範から、西洋の主として無彩色の衣服には色彩の壁こそがふさわしいということを推し量らねばならないであろう。

灰色か黒色の衣服を着た人間は、灰色より澄んだ色彩が施された壁面の前で具象的に映え、このことは事実、紙の代わりに我々が使うガラス壁を以ってより的確に認識できる。色に関しては、日本の環境をいわば逆さまに転倒させたパターンが我々にとって適当であろうし、日本のような柱梁建築とは異なる工法で建てられた西洋の家屋には、天井、壁そして床の色彩相互が歴として衝突し合う方が壁面の特質に適合している。こうした人間と空間の調和からこそ身体的に望ましい均衡が生まれるのである。

Ⅲ．新時代の動き

第Ⅰ章において、新しい住居の造形は、純粋に美的とは言えない面に源を発すると述べたが、建築家であれ画家であれ、こうした新しい方向に沿って仕事をし、経済性や実用性を第一に考えている者は皆、機械（マシーネ）に特別な関心を抱いており、その他の美的なものは全く副次的な事柄と見做しているというのが実情である。もっとも、主婦の方々を対象にしながら実用的な事柄ばかりを説明するのもまた無味乾燥であろうから、ここではもう少し心情的な事柄を検討し続けるのが適当であろう。

私は御婦人の方々に申し上げる。この一点だけは誰が何と言おうとも事実である。それは、生活に直接的には必要でない全ての物——残らず全てである——をお払い箱にするならば、単に仕事が緩和されるだけでなく、自ずと新しい美が現ずるようになるということである。

人間は、自らの自然な性質に相応する統一（アインハイト）を常に作り出せねばならない。その際、単なる実用的な物、あるいは単なる美しい物などという代物が本来存在しないことなど自明の理である。我々は言語という技術的な補助手段を用いるために、いずれの事も個別に話すより他ないのであるが、しかし結果的にはただひとつの事柄しか存在しないのであって、それは雑多な側面を持たず、球体のように各々の面が全て同時に飽和されるものである。

例えば、台所の最も合目的な設備について話をするということは、既に時を同じくして寝室や居間の明確さ、明快さについても本質的に語っていることを意味するのである。その後、強圧的に普遍化を要求する公式や定式（ドグマ）を打ち立てなければならない——残念ながら既に多く行われてしまっているが——という恐れを抱く必要はないのだ。ここでは従って、一般化はあまねく拒否される。新しい様式が個々の住居に押し付けられるのではなく、個人的な好みの中にその大きな余地が残されているということに、女性の読者諸君は心地よい感動を覚えるのではなかろうか。

さて、ここまでで美的なことには一定の道筋が与えられたであろうから、本来ならばこれより専ら経済的な事柄に稿を割くことができようが、その前に、外見上の観点からも今日一体何が望まれているのかを考察するため、歴史的な回顧をもう暫し試みたい。

いったいに、そうした時代の要請とは、歴史上の事例を選択し、叙述するという行為の中にそもそも含まれている。その際には、良質と言われてきたあらゆる事柄と同様、我々はそこに含有されない特質のみを基にして叙述することができるのだ。つまり、仮にある対象が良いと見做されれば、基本的にはそれがまさに良いと肯定的に言う以上にあまり説明の仕様がなく、その根拠は、良くないと判断される点がその対象に含まれていないと否定的に弁証することによってのみ得られるのである。

そこで、50年代、60年代に工芸製品が拡がって以来続く「強烈な工芸運動」の対極として我々が位置付ける新しい運動は、空間的性質を室内から奪い取るような物とは無縁であり、工芸時代がもたらした殆んど全ての品々を一掃するのだ。具体的に述べると、レースカーテンも、ケースメントも、ドレープカーテンも、いやはや、早い話がカーテンの類は、その目的を量的にも大きさの上でも凌駕していれば不要であり、さらに、主に絵画や鏡、そして彫塑的に、ないしは渦を巻きながら留められたり、被せられた飾りのように、壁の性質を抹殺しているありとあらゆる物を排除しようというのである。

縁飾りの付いた壁紙などは甚だ否定的に認識している。そもそも壁紙を貼り付ける場合には、柄を恣意的に切り取ってしまうことが不可避なのであり、これは何とも野蛮ではなかろうか。加えて、それぞれの壁面は、構築された後に日射の具合や扉などの要素と個別に関係付けられるのであり、全ての面に同じ壁紙や同じ縁取りを雛形通りに貼り付けるなど詮無きことなのである。しかも、一般的な壁紙を回縁より上が白い天井の部屋に用いると、あたかもぐるりと囲む柵があるかのように見えてしまうのだ。また、窓、扉などが壁紙を穿ち、台無しにしていることにも我々は従前全く無頓着であった。

大変奇妙でならないのは、大小の箱のような家具が素晴らしい柄の壁紙の前に置かれていることである。そのような家具配置が避けられないのであれば、壁をそれらと結び付けて作り上げるのが自然である。なぜかと言って、ともかくも家具は普段動かない物なので、壁の要素の一部とされるのである——つまり、結果的には造り付け壁収納と同じことなのだ。予め造り付け収納を用いるならば、あらゆる装飾も、家具の機能ではなく定義に依拠するようなあらゆる成型も否定されるのである。

概して、装飾（オーナメント）というものには大きな注意が払われている。畏敬の念を持って、とも言えるであろう。我々は今日、装飾術（オーナメンティック）が象徴言語、ある意味では聖書のような存在でさえなければならないと心得ているのである。しかしながら、元来それは考案されたり、発見され得るようなものではなく、常に、装飾を以って普遍的に通用し得る言語を作り出す人類共同体の創造物なのである。これまで伝承されてきた幾多の象徴は、我々の間でも理解できる人が少なくなっており、おそらく、それに代わる新しい象徴記号が出来るまでそう時間を要することもないであろう。機械の本質、産業も、ある記号（商標など）で表象されてきている。こうしたことは、だがあまり急いてはならず、先ずその基盤を用意しなくてはならないのである。新しい象徴は平素思いも寄らなかった所から現われてくることもあるのだ。

従って、今日我々にとって満足の行く環境の状態とは、完全な明晰さ（クラーハイト）を備え、かつ染みがないことによって得られるのだ。例えば、枕に刺繍された装飾は、芸術的に、丹念に施されたものであったにせよ、さしあたり拭い取ることの不可能な単なる染みでしかない。というのも、そもそも枕やスリッパもしくはティーポット用保温カバー、机や小机のためのカバーなどが現実を象徴するに適当な部分なのかという問題を全く度外視している限り、我々がこうした記号から瞬間を超えて残るような何かを得ることはないのである。

何千というパターンがあり、これが神経を衰弱させている編物や鉤針編みといった手仕事は、単に不要であるだけではなく、そうした製品が別段芸術産業とも言えないような手仕事を招いている限り、正確でミスのない機械による製品が出回るようになった今日では機械製品より価値が劣ることさえ間々あるのだ。手で織られた布地などはここでは手仕事にすら数えられない。手仕事とは職業上の業務を指すものである。また、機械で織られた製品より手で織られた布地の方を好むという傾向に関しては、さにもあらず論争する余地などないのだ。

同じことは子供や少女の活動にも当て嵌るのであり、彫刻刀や板のこを使った作業、貼ったり、編んだり、描いたりする作業など、これらは先祖返りの児戯以外の何ものでもなく、一層家庭内のガラクタを累積させていくだけなのである。さらに、同じことは際限なき増殖を繰り返して止まない子供の玩具についても言え、当然のことながら、これこそが主婦が最も業を煮やしている事である。子供には新しい玩具を買い与える代わりに、毎年古い玩具の半分を自ら捨てさせるようにすべきではなかろうか。この点でひょっとするとショックを受けた母心も、燃やされてしまった、または誰かに譲ってしまった古い人形の事で涙する子供より高次な観点に立って、例えば、毎日入浴させるといった子供が気に入らないようなことも子供にやらせなければならないと思うであろう。片付けとは入浴の別の形態に他ならないのである。

住居の中から除去できるこうした一連のことを、読者の女性諸君はその豊富な経験を以って思いのままに排除し続けることができよう——その経験という点では、筆者自身は一人の男性に過ぎないのだ。女性の経験を活かせば、次に挙げるようなことなど苦も無く解決される筈である。それは、床、壁、天井用の素材の最も合目的な選択であり、あるいは、例えば洗濯も可能な蝋引き布のように特殊な利点をもたらすのであれば、場合によっては壁紙も使用すること。また単色無地の壁紙を用いるよりも磨かれた面を美しく見せることが可能な塗料の問題。その他、室内をそのように引き立たせるために理性的な建築家が試みているあらゆることである。家具の問題もこうしたことから容易に解決される。いずれにせよ、様式や形態の問題は大幅に退行することになるのだ。

そこで、私の言わんとしている方向性とは、以下に挙げる幾つかの例によって凡そ示されることになるだろう。

戦前のドイツでは、主としてハインリッヒ・テッセノウ[15]による空間の簡素化、明確化という試みが、おそらくこうした方向を目指していたのである。そこには叙情詩的小説のような要素が見られるものの、これは当時の時代性に起因する副次的な揺れとして了としなくてはならない。

現在では、オランダが建築の創作活動において最先端を行くのであり、ここに数例の価値ある作品を列挙できよう。クラーハマー[16]の寝室〔図版 21, 22〕には、とりわけその洗面台が良く溶け込み、部屋そのものが船室のように最小サイズの単位に還元されている。この部屋の壁を造作し、また既存の室内改装のための習作〔図版 23〕を描いたのは画家 V. フサール[17]で、彼は、家具、天井、壁相互を調和関係に導くため、動線に従って分けられた様々な色の長方形ないしは、既に古いオランダの室内〔図版 4〕における絵画の配置について述べたが、あのような構成上のモティーフを使用している。

ユトレヒト近郊メールセンにあるリートフェルト[18]設計の医療施設の診察室では、壁にあしらわれている唯一の円形モティーフによって空間に奥行きを付与している〔図版 24〕。家具は——まるで照明器具のように——特殊な構造的要素を僅かに提示しているに過ぎない。前方には医療器具を載せるガラスプレートの付いた棚が見られる。

〔図版 25〕は、シェーネベルクに建つレーディゲンハイムの筆者設計の応接室[19]であるが、ここでは天井の螺旋形状から控えめな陰影の色が天井や壁を越えて拡散し、空間の形と色の統一に関わる実験的試みがなされているのだ。

〔図版 26, 27〕は、オットー・バルトニング[20]による 2 人用寝室であるが、1 人が遅くまで読書したい時などに互いを邪魔しないよう寝床を相互に分離し、しかしながら空間的な繋がりは損なわないように改装している。そのため、2 つの空間の間には透視性のあるガラスの壁、ドアが配されている。

ヴァイマール州立バウハウスが 1923 年に建てたアム・ホルンの家[21]の室内は、オランダの内装設備と関連付けられる要素を備えている〔図版 28 ～ 31〕。

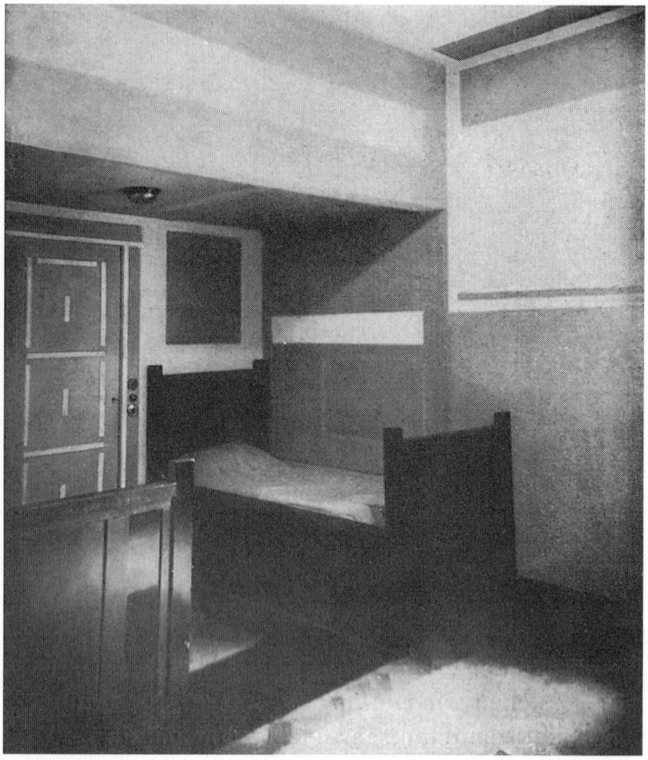

〔図版 21〕クラーハマー　寝室　　彩色はＶ．フサールによる

〔図版 22〕クラーハマー　寝室

〔図版23〕 V．フサール　既存住宅の改良例

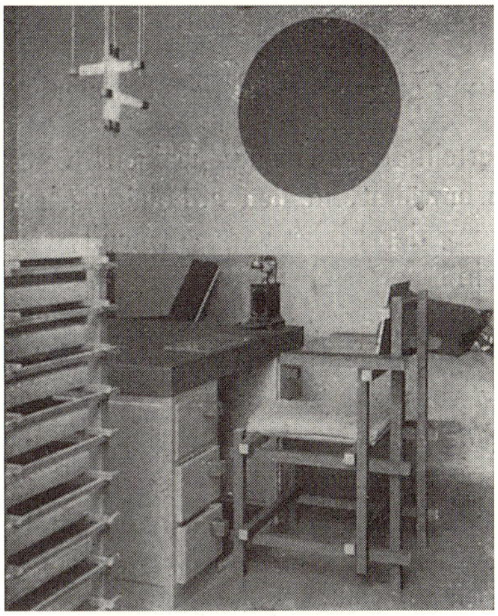

〔図版24〕 リートフェルト
医学博士H氏の診察室
ユトレヒト郊外メールセン

建築家ヤン・ウィルス(22)の手による、ハーグにあるベルセンブルッヘの写真スタジオ〔図版32〕は、極めて即物的、構造的に行われた解決法の一例であり、その部屋は滞在する人間のために大変見事な静寂を醸し出している。日本の影響——床の間——を極めて巧みに吸収しているのである。

〔図版33, 34〕ならびに〔図版35〕は筆者が描いた作品で、簡素な造作で纏められた既存の田舎家内部の設えを示している。都市近郊の人々の暮らしに完全に相応する、極めて簡素な造りの部屋とすることに主眼を置き、室内には——寝室と居間にあるランプは部屋をより明瞭に再現するため図中より除かれているが——ここに描かれている以外に何も無い。〔図版33, 34〕の照明は、寝室——隣に更衣室とクローゼットがあり、仕事部屋としても使われている——にある照明のように、色の付いた薄用紙と簡易な手製の針金の枠で作られている。壁や天井は鮮やかでくすみのない天然色で塗装され、その強い色調は図面上に示す通りであり、しか

〔図版 25〕ブルーノ・タウト　レーディゲンハイム・クラブハウス
ベルリン・シェーネベルクにあるリンデンホーフ・ジードルング内
彩色はフランツ・ムッツェンベッヒャーによる

〔図版 26〕オットー・バルトニング　2 人用寝室改良案

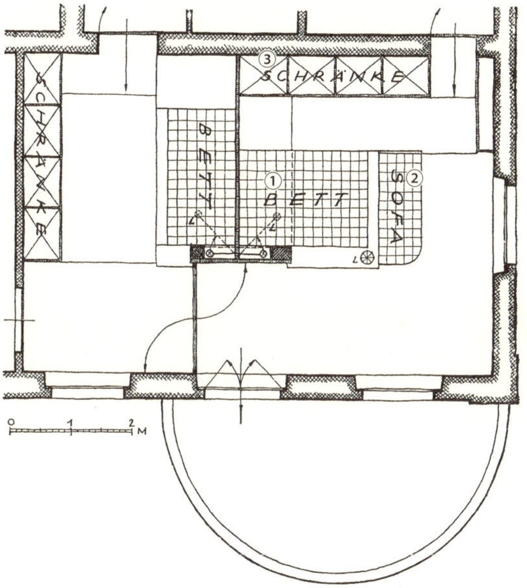

① ベッド
② ソファー
③ 戸棚

〔図版 27〕　〔図版 26〕の平面図

〔図版 28〕ヴァイマール州立バウハウス　アム・ホルンの住宅　居間

〔図版 29〕ヴァイマールのバウハウス　居間の書斎用ニッチ

〔図版 30〕ヴァイマールのバウハウス　子供室、食事室、台所

〔図版 31〕ヴァイマールのバウハウス　アム・ホルンの住宅内台所

〔図版 32〕ヤン・ウィルス　ベルセンブルッヘの写真スタジオ　ハーグ
彩色は V. フサールによる

〔図版 33〕ブルーノ・タウト　居間西側　1919
壁面：白、クロームイエロー、艶消し青（広い面）　天井：英国赤
床面：灰色と黒　マット：灰緑　家具：黒　サイドボード：多彩色

〔図版 34〕ブルーノ・タウト　応接室兼書斎　1919
天井、家具、カバー、床縁：黒色　床面：白、青、黄、黒色
壁面：青、赤、黄、緑、灰、茶色

〔図版 35〕ブルーノ・タウト　寝室　1919
天井および斜壁：紺青色、ロイヤルレッド　　垂直壁：燈色
柱：黒色　　床面：明るい茶色とこげ茶色

もこれらは自然系に即した形で施されているのである。

家具は新品ではなく、80 年代のある家族が使用していた物で、房飾りや貝の飾り物など、かの時代のアクセサリーを取り去り、それでも天然木であった木の部分は、部分的に黒、また部分的には別の色で隈なく塗装してある。

そうした簡素を主とする環境の下で、家具はどうあるべきかと問う事ができようが、その問いには〔図版 36 ～ 39〕に示す、1920 年にやはり筆者が設計した幾つかの家具を紹介することで解答を提示し得るのだ。これらの図版は、決して理想の住居における家具を意図したものではなく、今日に至るまで一向に変化を見ない一般の賃貸住宅への適用を想定している。

〔図版 38〕の椅子は、ただ座面の（肘掛のない椅子の枠ぶちも）丈夫さと快適さ、使い易さだけを計算して作成した。居間〔図版 36〕には食器棚があり、これは、下の部分と同じ高さの上部の軽い部分を分離し、食器棚つき配膳台として床に置けるように設計してある。本棚には、蔵書が増えたときに便利な引き出し可能な側面引き出し棚が付き、またソファーは簡単に仮眠ベッドとしても使う事ができる。

さらに言及すべきは、最も扱いに窮する家具である寝室の大きな箪笥〔図版

37〕が、1つは衣服用、今1つは下着用と、2つの部分に分割可能であり、そうした工夫によって種々の住居形態にも難なく適合し得るようにしたことである。さらに下着用箪笥の3分の1の大きさで、つまり箱型の各部分で拡張部分を作って組み合わせることも、これをチェストのように設置したり積み上げることも可能である。かように、箪笥の問題は住居の構造の問題と密接に関連するのだが、この点については後述しよう。

ここに紹介してきた事例は数としては僅かであったものの、今後の方向性を示唆し、かつ何らかの誤った一般化を阻止するという意味では十分だったのではなかろうか。確かに、自分の言うことを分かり易く理解させようとするならば何においても明瞭でなければならない。これは事実である。しかし、されぱと言って、細部の中にこそ無条件に一般化し得る条件が宿ると頭から解釈して、あらゆる細部を一様に見做すべきではなかろう。その反対で、細部が本当に普遍的な性質を備えているならば、それらは偏に全体の解釈次第で決定されるのだ。住居の設備は、まさに普遍的に固定し得る事物ではなく、多くの計り知れない要素に依存しているため、全ての細部は完全に自由で可変的な対象でなければならない。

かくして、今後の方向性がそうしたものとして明確にされているのであれば、個別のあらゆる場合に相応する解決法とは、本質的には女性の側からの働きかけによって明らかになるのであり、彼女たちの運命もそれによって決定付けられるようになるのである。

それでもなお、こうした事例が皆、あまりにも原初的で、まるで清教徒のような生活向きに作られてはいやしないかと、危惧する向きもおそらくあるだろう。だが指摘しておこう。私の経験上、贅沢に慣れた都会人がそうした住居を訪問すると、ちょうど爽やかな風呂に浸かった時のように彼らの心を解きほぐしていくのである。

こうした社会的な要因を考えることも非常に重要で、模範的事例の影響は下から上へと生ずるのではなく、実際はその逆なのだ。女中は、夫人がするように粧し込みたがるものだし、労働者の家庭では中産階級のようには裕福に振舞うこともできないのである。

こうした傾向を考えて、以下に、贅沢な設備を具えた住居例のひとつを挙げてみよう。ここでは、まさに先に指摘したような個別的要素の意味が以前に増して強められているのだ。ともかくも、筆者が設計したベルリン郊外の豪奢な別荘の平面図〔図版40〕を見ていくと、中央の広間の傍には広い音楽ホール、ガラス張りの室内庭園、さらにガーデン・テラスへと至る扉があり、このテラ

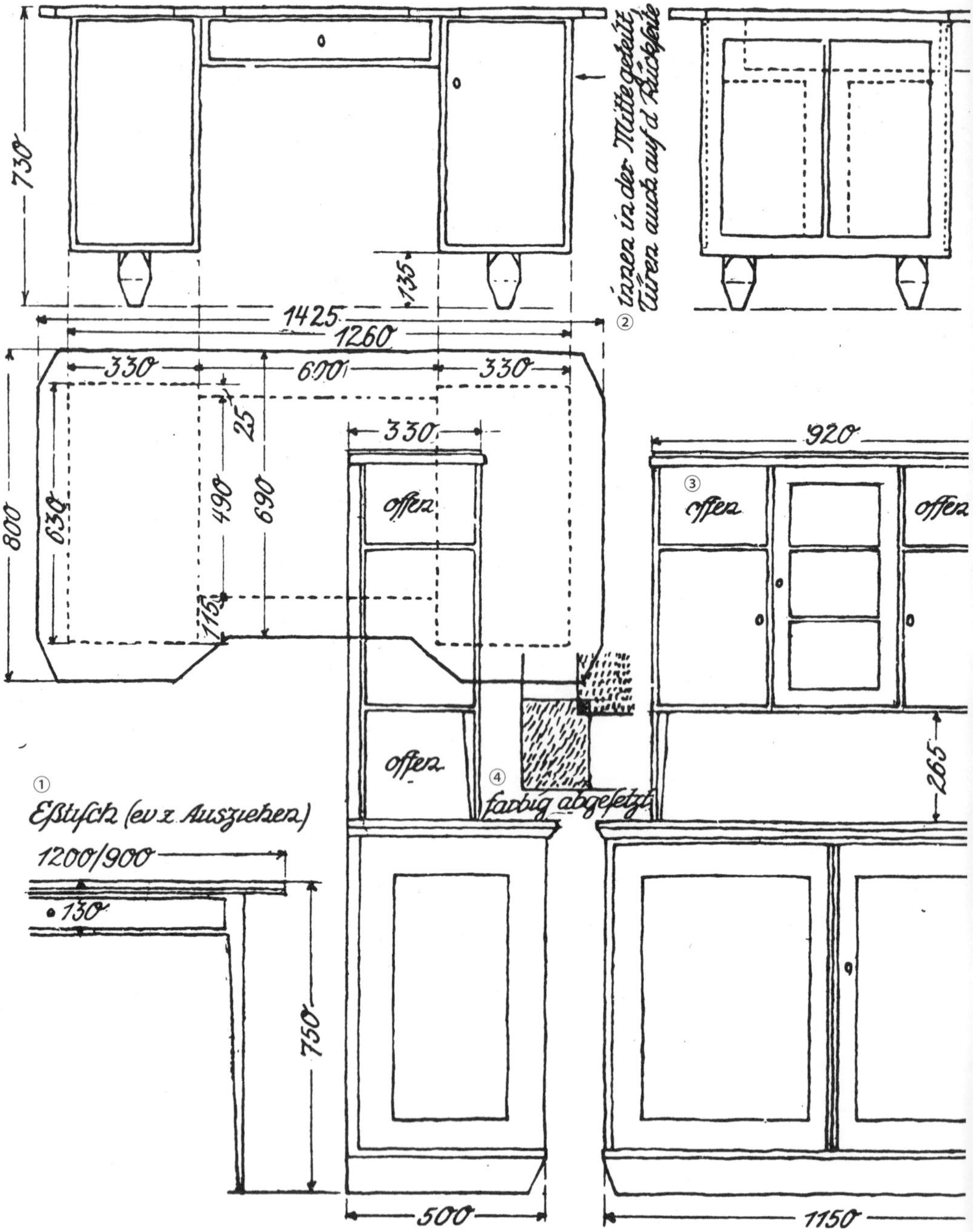

〔図版 36〕ブルーノ・タウト　居間の家具　1920

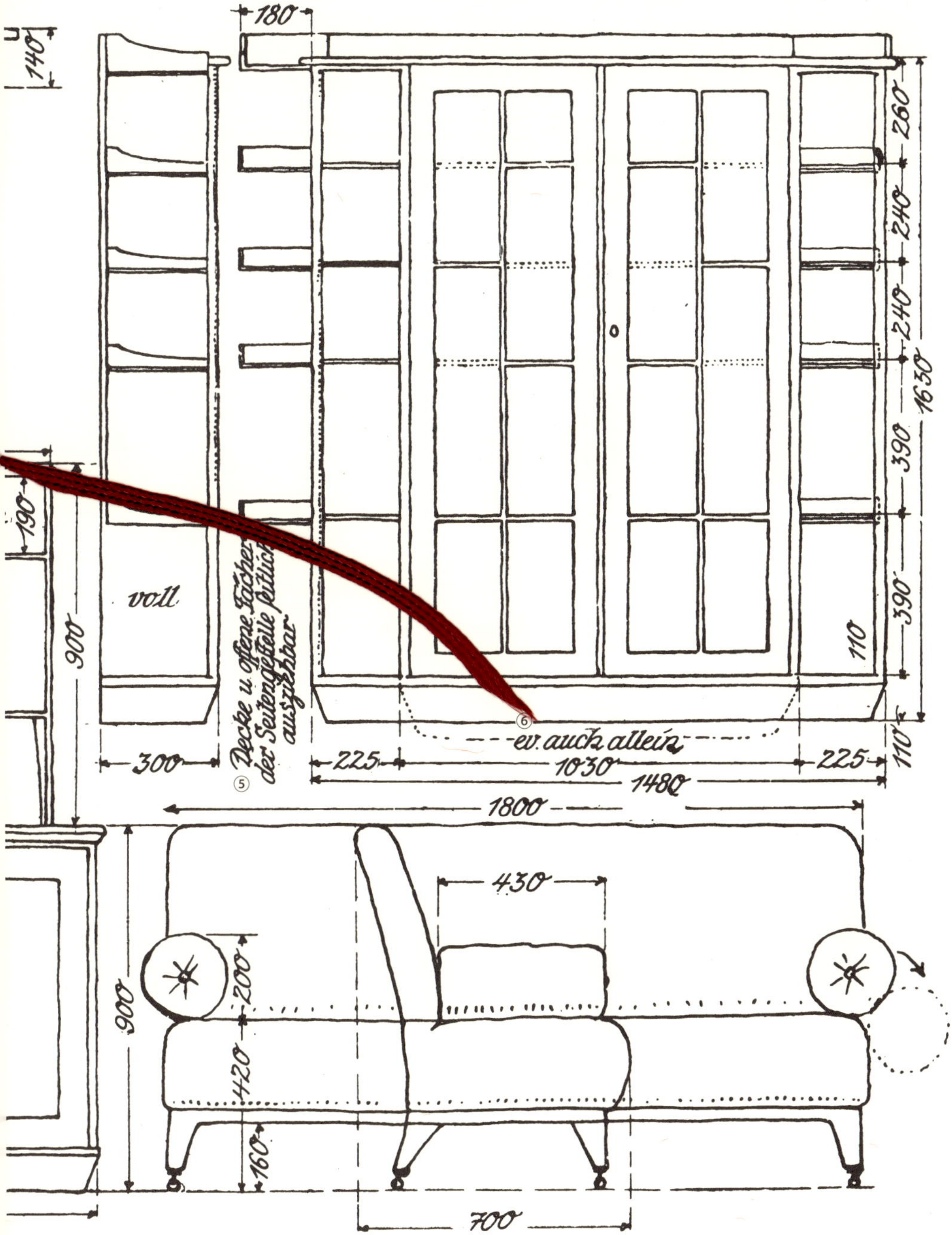

① 食卓（場合によっては引き出すことが可能）

② 内部は中央で区切られており、扉は同様に内側にも付く

③ 扉なし

④ 塗色によって区切られる

⑤ 天板および側面の棚は引き出すことが可能

⑥ この部分のみ用いることも可能

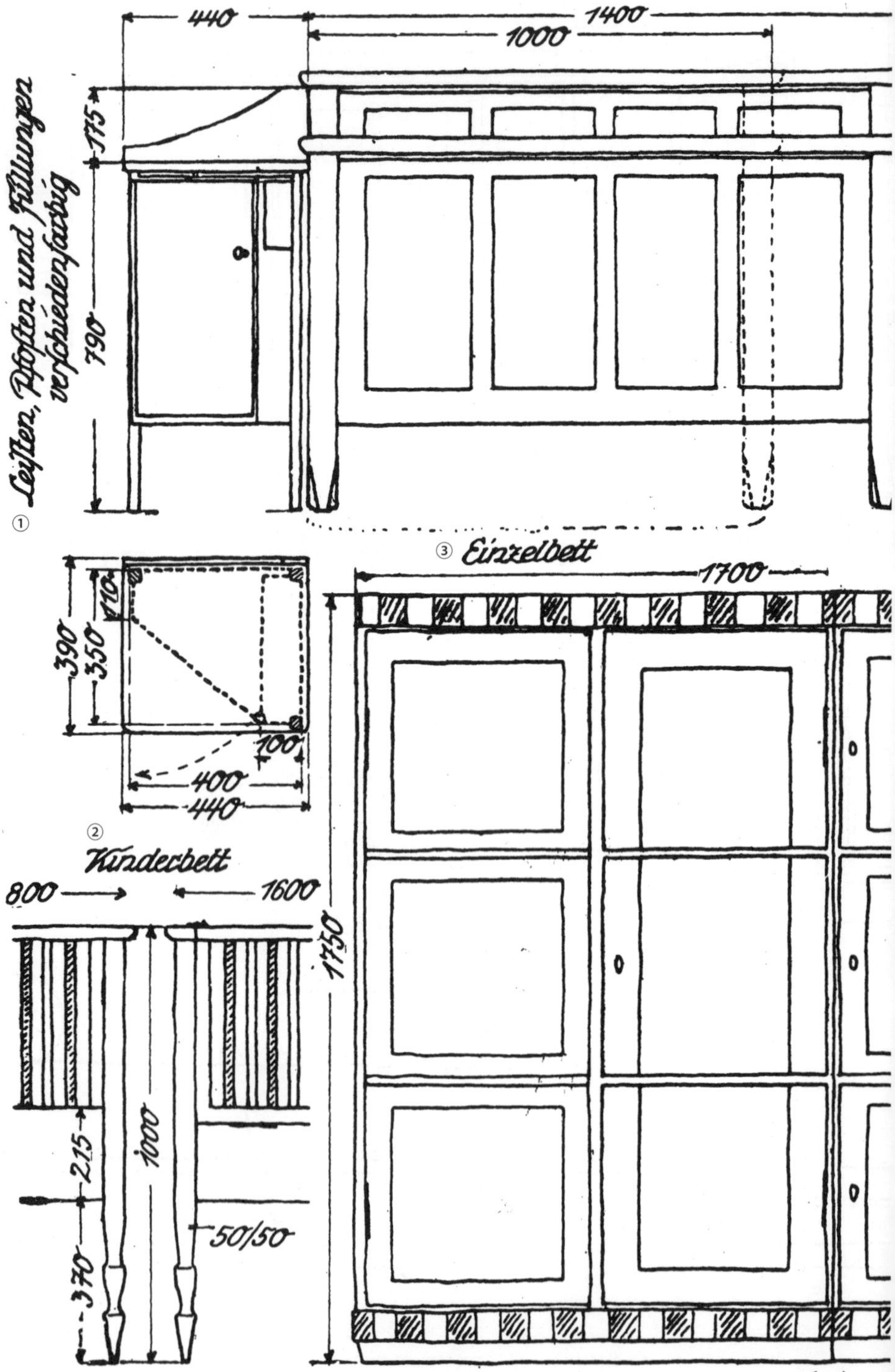

〔図版 37〕ブルーノ・タウト　寝室家具　1920

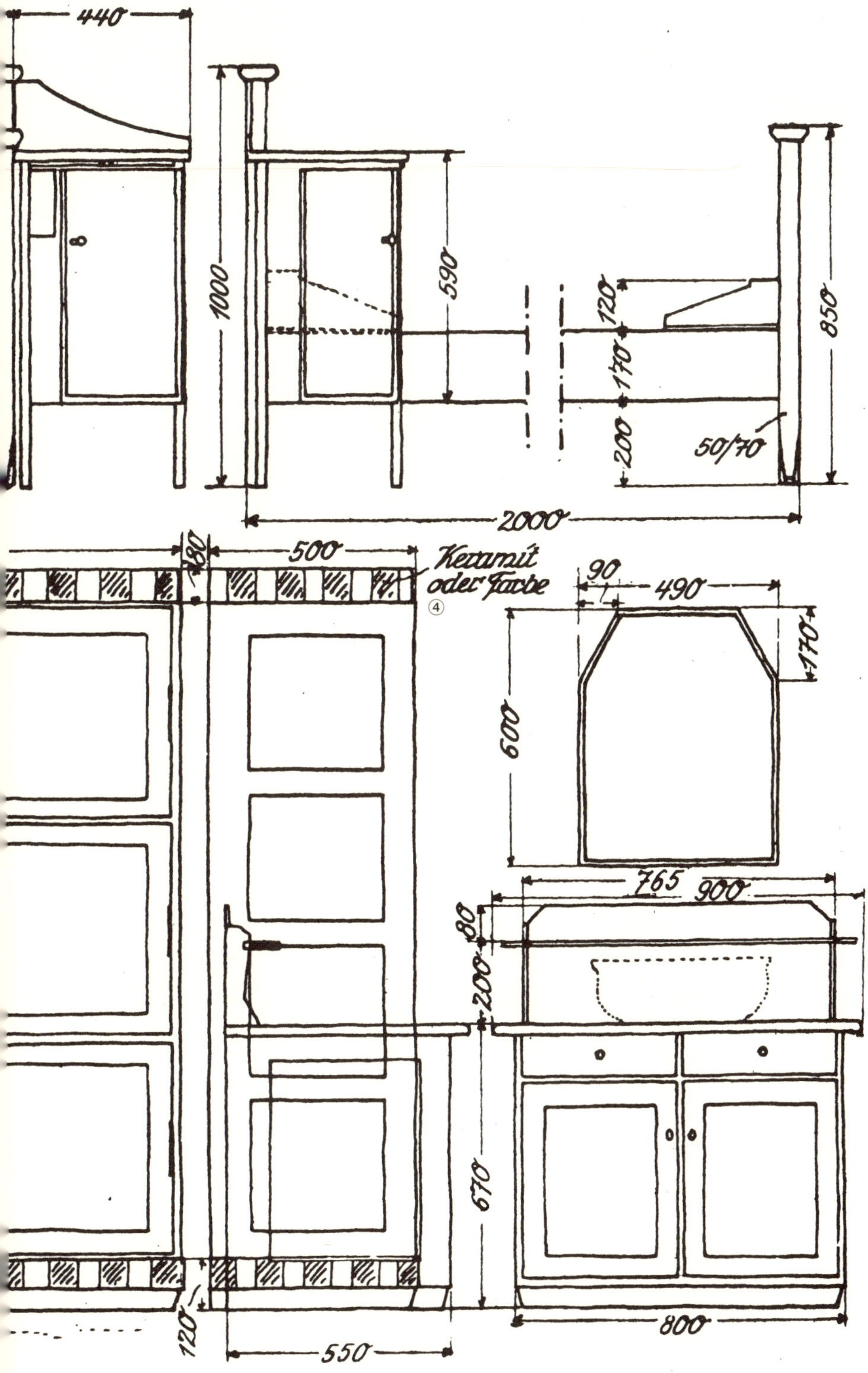

① 枠、脚、側板にはそれぞれ異なる彩色
② 子供用ベッド
③ 1人用ベッドの幅
④ 陶磁器あるいは塗色
⑤ 衣服用　下着用
左右分離させることも可能

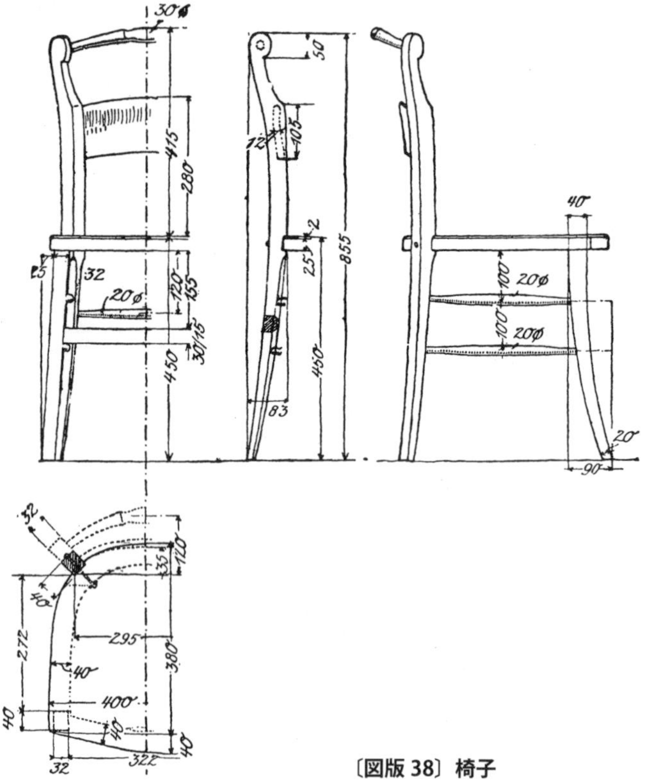

〔図版 38〕 椅子

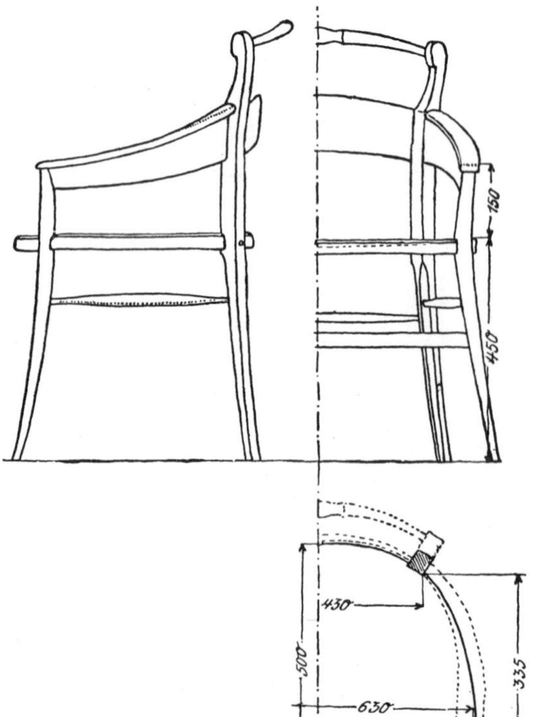

〔図版 39〕 肘掛け椅子

① 食事室
② ホール
③ 婦人室
④ 紳士室
⑤ 音楽室
⑥ 室内庭園
⑦ 子供用遊戯室
⑧ テラス

スは紳士室、婦人室、作業室の領域に接する円形の食事室へと続いている。

〔図版 40〕に解説を加えると、内壁（線影を施した部分）は全てガラスブロックを素材とする設計で、これにより内部空間に光を浸透させることが可能である上、外部からの視線も遮断できるのである。その厚みのあるガラスブロック製の白い壁は、1914 年に私がケルンに建てたガラスの家〔図版 41〕を見れば、凡そ想像がつくことであろう。

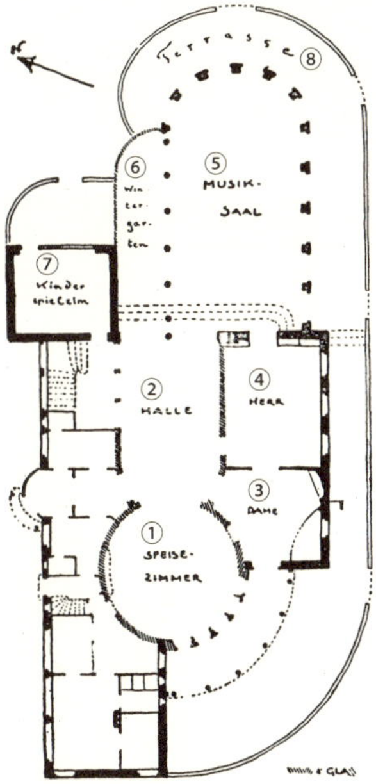

〔図版 40〕郊外住宅 1 階平面図

〔図版 42〕に示された食事室は、そのようなガラスの壁面のみで囲まれている。広間への開口部は、明確に囲われた食事室内での語らいが既にこの空間を規定するため、敢えて閉じてしまう必要もなかろう。この空間を特徴付ける要素はまた照明である。劇場用照明の如き光円錐が食卓の上に投射されるが、これは擦りガラス板によって捉えられるようになっており、また上方にある二番目の擦りガラス板は、ちょうど照明から放たれる光円錐の大きさに合うように刳り抜かれ、これによって光源が直接我々の視界に入らないように配慮されている。

天井には、色調に変化を付けながら同心円状に拡がるガラス板があり、これは室内照明として上方から輝きを放っている。

食卓の天板は大理石製——テーブルクロスなどは無用である——で、この中央部分は皿を回し易いよう、既に広く知られている装置を用いて回転できるようにした。三脚椅子は革張りで、床面にはリノリウム、コルクリノリウムないしキシロリットの類[(23)]を敷くことができよう。

食事室のちょうど真上に配置した夫婦用の寝室〔図版 43〕もまた、同様の空間を備えているが、ただ円弧の一部分のみ家事使用人室の廊下のために削られている。この廊下を伝って排気がなされることになっており、そのため、これら対称に配置されている引き倒し窓を開けると、夏季には新鮮な風が吹き抜けるのである。窓の下には、巻き上げ式ブラインド付きでバルコニーへと至る扉を設ける。化粧室、浴室へは小さな扉からのみ通じており、ここは寝巻き姿のままで行き来できるだろう。

ベッドや寝椅子の下の床には白熊の皮を貼り付け、寝椅子、その他の床面には灰色熊の皮を用いる。この皮革は純粋に材料として用いられており、引き裂

〔図版 41〕ブルーノ・タウト　ドイツ工作連盟ケルン展　ガラスの家　階段　1914

〔図版 42〕ブルーノ・タウト　食事室

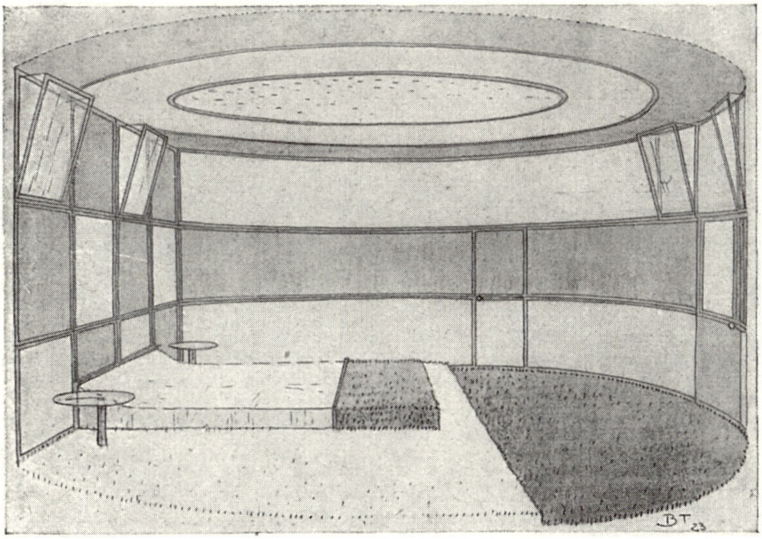

〔図版 43〕ブルーノ・タウト　寝室

かれた口や前足が付いたまま敷くような野蛮な用い方はしない。

ベッドカバーおよび壁紙——この部分はガラス壁ではない——は、光沢のある絹製とし、殊に壁面については、飾り縁の間の色彩を希望に応じて変えることもできる。簡単なガラス板を材料とするナイトテーブルは、離心円弧を描きながら回転するようになっており、朝食を摂る時などはベッド上に回転させながら引き出してくることもできよう。また、天井の中央部分は開閉式で、夏季にはこれを開け放ち星空を楽しむこともできる。

既述のように、このような部屋群をあらゆる場合の範とすることは避けた方が良い。そのような企ては求めるところが多過ぎるばかりでなく、そもそも意味を成さないであろう。こうした例は、この書の意図する最高の型（タイプ）が目指すもの、つまり洗練された豪華（ルクスス）と結び付くひとつの簡素さのみを示すべきなのだ。それは、博物館に積み重なって鎮座しているような豪華ではなく、その要素（エレメント）を可能な限り明快に純粋に表現することにより得られるものである。

この方法に従って、ほぼひとつの象徴的意味（ズィムボーリック）が室内形態の意味やその部分部分の意味へと浸透していくこと、これは主観的な感覚の領域とされてよい。この事例でも、円形の休憩室が方形の平らな平面と連続し、そこである種の意味性を喚起させているように、その円環は、同時に団欒を表象する形になっているのである。

古いものも含め、こうした事例の悉くから明らかになるのは、良質な室内とは、そもそも像（ビルト）としては全く表現され得ないということである。室内を取り巻くあらゆる関係性は、例えば太陽光ひとつ取っても、室内空間に我々が入り込み、それが実際いかなる角度で照らし、静寂をもたらすのかを我々が感じ取ることによって初めて明白になるのだ。従って、我々はこの殆んど荒唐無稽（パラドックス）とも言える状況を思い切って表白してよかろう。いわゆる覗き穴を通して外部から室内を見た場合の像（ビルト）が良ければ良い程、室内そのものは疑わしき代物なのである。というのも、良き室内空間と言えども居住者不在の状態では無、「空虚（レアー）」であり、そこに人が居て初めて空間は「埋まり（フォル）」、完成されるのである。

さて、とは言うものの、何ら表現手段が無いとすれば一体どのようにして、我々はそのように微妙なニュアンスを持った事柄を伝達できるのだろうか。いかにして人々の想像を喚起すべきなのであろうか！

Ⅳ.変革

これまでに見てきた新しい事例の数々は、既に言及してきたように、気に入るか気に入らないかで決まるような芸術雑誌の挿絵を紹介するつもりで掲げたのではない。これは非常に新しく、今まさに勃興しつつある動向に関わる問題なのであり、その結果は蔑ろにされてはならないのである。

持続する美しさとは大抵の場合、最初の一瞥によって感じられる好感とは少し距離を置いた時に得られる。つまり、決定的に気に入るということは、むしろ、多様な諸性質が完結した結果であり、それはある部分では感情であり、またある部分では理解に関わり、だが全体としては我々の存在の総合性（トタリテート）を裏付けている底流でもあるのだ。

詰まるところ女性諸君は誰でも、上の点に同意しなければならない。今直ちに同意するか、あるいはうわべの言葉だけでそうするかはまた別次元の問題であり、何より取るに足らないことである。我々の時代が外観の変化という点において、これまでの時代よりも急速なテンポを持っているだろうという認識は誤謬である。実際は反対で、このテンポはかつての大概の様式変遷に比較してはっきりと判る程に極めて鈍重なのだ。

この点で女性の意識が変わることによって、国民全体にどれ程の影響を与えることができるか、それをどんなに高く評価してもし過ぎることはない。というのも、何より最初の改良住宅を建設するためには、女性が渾身の力を絞って要求していかなければならないのである。さもなければ、冒頭に述べた通り、全ての労苦は徒労に終ってしまう上、徹頭徹尾、男性の仕事そのものにされてしまうのである。従って女性が、先ずはそのような家屋（ハウス）を建てて下さい、我々は新しい住まい（ハイム）を創っていきたいのですからと言うのであれば、それもまた決して意味を成さない。人が、既存の住宅をも含めて意識のレベルから変えようと発起しないのであれば、新しい建築は一分の進歩をも導かないであろう。意識の中で変わらない人は、新しい建築行為をも旧来の意識の下に行わざるを得ないし、或いは新しい物を強制されるのであれば、妥協するか中途半端に受け入れざるを得なくなるのである。従来型の集合住宅などは、何れも此れもその例証と言える。

かくして、立てるべき方針は既存住宅から起こされなければならないし、よって既存の何十万という酷い賃貸兵舎（ミーツカゼルネ）(24)を考慮の外に置いたり、個々人が自らの運命を他人任せにすれば、誤った方向に事態は進むであろう。

ただ、このような住宅をめぐって、女性が直ちに挙って住宅改良への革命を起こすようなことは求められるべきではなく、全ては有機的に進展しなければならない。加えて、彼女に守ること、世話をすること、他でもない母性の中に築かれている保守的な要素を欲するのであれば、それこそ女性にとって最も重要な本質的特徴が剥奪されることを意味するのだ。

私には、まさに住居を埋め尽くした「好景気（アウフシュヴング）〔図版1〕」から波及する母性的なるものは乱用されてきたように思われる。好景気とはおよそ、知的な男性が企てた仕業に他ならなかったのである。当時、夫が妻を相手に行っていたことと、今日なお行っていることを振り返ってみると、何やら恐ろしい光景が浮び上がってくるのだ。言うなれば、夫は妻に麻酔をかけ昏睡させた後、彼女の胸に抱かれ眠っている本物の子供を取り上げ、今度は見せ掛けに小さな猿の人形をその胸元に充てがったのである。

彼女は、ただ塵を払うために酷使され、家を維持するための管理までは手が回らない。これでは、常時住居を清潔に維持することなど、いくら精励しようとも到底無理な話である。さらに夫は彼女にその任を丸投げし、彼女は彼女で、男性の仕事への不必要な敬意から自発的にそれを唯々諾々として受け入れていた。そうすることによって彼女の正常な感覚は、まるで酒に酔った時のように紛らわされていたのである。

今日の古い住居を見ると、女性は生活に順応するために身を粉にして働かなければならない状況にある。帰するに、彼女等の能力は、上に述べた住居の維持という点に鑑みても男性の能力よりも優れているのだ。何より女性は、そのような環境下にあってもなお家事をこなせるのであるし、それのみならず日々の肉体的労働に際しても、なお合理的にさえ、男性から殆んど恥じらいを持って見られている作業を遣りこなしていることは、誠に一驚に値する。

女性が抱くとりわけ大きな負担に、今日なお古い物の消耗——すなわち布、覆い、カーテン、壁紙等が駄目になり、みすぼらしくなる——という問題が挙げられる。大抵の場合、その交換は殆んど不可能であり、修繕などしようものならその綻びを一層目立たせてしまうだけなのである。こうしたことからも、女性の健康のみならず女性の決断能力までもが、あまりに一定不変で、押し付けられた生活秩序によって打ち砕かれてしまったかが明々白々である。よって、精神の上でも肉体の上でもなお精気みなぎる幾人かの女性が、洞察力を持ち、自らの家事を言うなれば一変させたいと欲するのであれば、それは一層大きな驚嘆の念を抱かせるものである。

実行こそが常にその決め手となるのだ。勇気ある果断な行動は模範となり、力だけでなく同時に権力を得る。ともかくも勇気、差し挟み得る多種多様な異議を弁解の手立てとしない勇気が必要なのだ。

とは言うものの、我々の間では残念ながらそうはいかない——いや全くその通りなのだ。

人はこう弁解するであろう。「しかし」我々の住居に関わることだ！

我々の周囲にある数多のガラクタ、ややもすると10年、20年の後にあと1回位使うことができるかも知れない物——誰がそんな物を我々から買い取ろうなどと考えようか！

しかも、パパ、ママ、おじいちゃん、おばあちゃん、隣家のミューラー夫妻は何と言ってくるだろうか！——つまり、実行こそが肝要であることに合点がいくも、その勇気を欠くがために、教養ある諸氏の同意は釈然としないままなのだ。

いやはや、家事（ハウスハルト）は何と大きな負担であることか——住み手は、自らの棲家をまるで蚕が繭を織るかのようにしか形成することができず、住居内を物が埋め尽くす状況や、幾枚もの絵が掛けられた壁の「美しさ（シェーンハイト）」や、あるいはこれら芸術作品が、我々を全く平凡な状況においてさえも凝視し続けていることや、食事の時も、飲む時も、食後に寛ぐ時も、就寝する時も、怒りが込み上げてくる時も、不安や憎しみに苛まれる時も、四六時中何らかの「雰囲気（シュティムング）」を与え続けるという作用から逃れられないでいるのだ。

我々は、脳ミソで捉える衛生から身体的に得られる衛生へと歩み寄らなければならないのである。例えば、日本の住文化に見られるようにである。かの地では、芸術作品という物は、それを愛でようとせぬ限り取り出されないし、それを十分に研究しなければ学術的に表現することができない——まるで我々西欧の公共図書館で、書籍を書庫から出して貰い、閲覧し、研究を深めたいと思うあり方に類似している。

人間は、少なくとも古い住宅における変革（ユーバーガング）の方法を自ら順序立てて示唆していくという義務を負うのだ——もっとも私はここで、ただ傍観しているだけで家事などできもしない夫の姿を言葉の端々から容易に見抜いてしまうであろう、経験豊かな主婦の方々の失笑を甘受しなければならないのだが。従って、以下のことは単に個人的見解であり、個人的な構想であるということで諒恕頂きたい。

家事を変えようというのであれば、例えば成り行きはこうなるのではないかと想像している。先ず、かかる女性は、私の家は何と言っても倉庫（シュパイヒャー）ではないし、それに古物商でもなければ博物館でもないと自分に言い聞かせることであろう（奇妙なことに、実際はこれらをいつも明確に連係させているのだが）。それでも結局のところ、彼女はその倉庫（シュパイヒャー）に取り掛かることになる。数日間に亙って、総合的に在庫調査を実施した後、先ずは屋根裏なり地下室なりに散乱する箱やトランクの中身をよく精査し、後々もう使わないであろうと判断した物は全て古物商か文房具商に引き渡すことであろう。通常であれば、それで様々な箱や容器は空になるものである。

続いて、今度は日々暮らしている室内に存在する、あらゆる小物類の在庫調査に手を付けることになろう。衣服、下着、玩具をはじめ、細々とした家財道具の中から余計な物を哀心を振り払いつつ処分し、ずっと後になってもなお有用だろうという品を空になった屋根裏や地下の箱に入れることになる。そうして残りの物を新たに整理したら、少なくとも飾り戸棚（ヴェアティコ）は確実に、またコモード[25]もおそらく１つ位、あるいは戸棚（シュランク）を総ざらいに空けることさえできよう。こうした空になった家具は売却するか、保管用の容器として地下や屋根裏に置く箱に作り変えるかである。

するとどうであろう。かつて部屋の中で色々な物に邪魔されながら移動しなければならなかったものが、もはやそういうこともなく部屋を通り抜けられるようになるのだ。つまり、従前は必要とされてきたカーテンまで含め、窓周りからあらゆる物が取り除かれ（煩わしい向かい側からの視線を遮るために、光沢のあるモスリン[26]製のカーテンだけは残す）、余計な箱、カバー、陶器の置物、花瓶、小さな絵、引出し、祝福の銘、箴言の刻まれた板、そうした一切合財は消滅の道を行くのだ。

同じく不必要なベッドサイドマット、絨毯の上の毛皮など、そうした類の処分は主婦の明晰な分別能力に委ねられる。こうしたことを前提にすれば、余計な家具を手放した後には、何より必要な家具の中身を調べ、整理しながら、例えば不必要な書籍や手紙類、つまり個人的な物、あるいは書類として必ずしも必要ではない物は捨ててしまうことであろう。

使われずに残っている家具は、ここで極めて簡単に改良することができるのだ。たとえ拙劣なガラクタ家具であっても構造的な枠はあるのだから、いわば贅肉に当たる部分だけを取り除いてやればよい。ソファーの上の貝飾り、頭飾り、タッセル[27]、フリンジなどは簡単に削ぐことができ、その他、机に張り付いている瘤であろうと切り落とせるのだ。すると、現われた家具がいかに照り輝いて清潔感を漂わせていることか、さぞや一驚に値することだろう。とりわけ、全体ないし部分的に塗色した際の驚きは大きい。そうして机や椅子の数、その配置、使い勝手に納得がいけば、大抵の場合、申し分なく部屋を解放することができるのである（例えば私が設計する際には、1人用の寝室に最低9人が座れるだけの広さを確保している）。

床面は、かつての古い賃貸兵舎（ミーツカゼルネ）などでは住宅の最も優れた部分であることが多かったが、今やせいぜい絨毯に大変な注意を払うか、あるいは何も敷かないようになっている。そこで、花が絢どられた家具カバーをプラッシュ[28]ないしクレトン[29]で作るか、簡潔で強い調子のストライプあるいは単色で塗色するならば、室内にまた異なる意匠がもたらされるのだ。特に、ベッドカバーのように必ず模様があるものの柄は、剥ぎ取るか、あるいは簡単にその裏面が用いられたりすると良い。

テーブルクロスは食事の時以外には不要となるので、食卓のテーブルクロスに替わる物が、新しい家具造りの課題となる。

主婦の仕事が無くなれば、彼女は余計な品々を殆んど一人だけで「美しいもの（シェーンハイト）」に作り変えることができ、同時に画家あるいは建築家の新しい試みを即座に会得するという、大変に創造的な才能が彼女の中で育まれていくのである。すると、今やあらゆる空間において天井や壁面の広い範囲を彩色し、空間に一体感を付与しようという途も拓かれる。頚木を解かれ自由になった主婦は、芸術家らに本質的で的確な提案をすることができるであろうし、泡沫会社群生時代（グリュンダーツァイト）の遺物、例えば建設業者が建てた建築物の観音扉、90年代のおかしなオーブンなどが辿った方向とは対極を成す輝きを繰り広げることになろう。この新しい設備に掛かる費用をどうするかという実際的な問題は、余計な品々を売り捌くなど、女性が、その天性の経済感覚を以って易々と解決してくれることだろう——もっとも、ここで雷を落とすゼウスが間に割り込んで来たりするようなことになれば話は別なのだが。

ここに、確かにことを進める際の難しさがある。夫は泡沫会社群生時代（グリュンダーツァイト）以後、男性的仕事の継承者であり、彼は一層厳しい反論を認めたい訳ではないのだが、大抵はなおそのことを誇りにしているのだ。その夫（ゼウス）は、おそらく経済上の問題を指摘しながら、例えば次のような方法で横槍を入れてくるであろう。

ここ数日間で行われた全般的な在庫調査を踏まえ、何やら皮算用しながら、古物の値はとりわけ掘り出し物だと良いことを強調したり、その上、涙もろい妻の琴線にも敢えて触れてやろうと、子供達にも何かを遺してやらねばなるまいな、などと宣ったりするのだ——子供達が大人になったら、父親の行動をどう思うかなど誰も知る由はない。因みに生物学的に見れば、子供というのは大抵父親とは反対の性質を受け継ぐものだというが——。

ところが、骨董品、古美術品、珍品、これらの値に関して彼は途轍もない思い違いをしていることになろう。こういうことは国家の経済状況および社会的背景に左右されるのであって、この趨勢は、かつての泡沫会社群生時代よりも間違いなく強まってきている。というのも、一般に見受けられる、家そのものの低価格化、住宅建設の簡素化、何より主婦の仕事の削減といったことは、望もうが望むまいが避けることのできない強い影響力となるのである。

すると、骨董品というのは所詮、博物館か、偶に居るか居ないかの骨董品狂いの間でのみ取引されるものだということが明らかになるであろう。例えば、彼が寄木細工の施された年代物のコモードを10マルクで、あるいは立派なグラスを50ペニヒで古物商から購入したような場合には、いつの時代でもそうであったように、その需要はまた元来の最小値へと戻ってしまうのである。既に、錫でできた道具類などが今日まさにそうで、かつて錫が流行した折りには農家がひとつ残らず買い占めてしまったのだが、今となってはその芸術的価値など何ら顧みられることもなく、その重さだけを量って取引されているような有様だ。

ともかくも、ことはなるようにしかならず、夫は、変化の波に浚われてのけ者にされてしまう前に、知性に基いて――というのも、彼は常々、感傷癖ではないことを誇りとしていたので――その趨勢に乗って進んでいくか、部屋の配置換えを手伝うか、あるいは適切に組み上げられた進捗に気を払うこと以上には何もできないだろう。

そうした個々の変革(ユーバーガング)によって人々に幸福がもたらされるということに関しては、さらにこれ以上叙述するまでもなかろう。そのような住居の清掃を格段に容易にし得ることなどは自明なのである。何分にも住居を完璧な状態で清潔に保つことは、女性にとって既に心の重荷となっている。今日のごくありふれた市民住宅を考えてみよう。この家の手入れがまずまずなされているとすると、浴室や便所、また時折り台所もそうなのだが、実は、平素は物やガラクタに占領されたり煩わされたりということのないこれらの場所が唯一の良い部屋なのである。それは工芸展覧会に出品されるような製品の水準に比肩するといって差し支えない。

ところがそうした催しでは、あらゆる種類の家事用具を展示するコーナー、調理器具、褐炭コークスのコンロ、アイロン、洗濯機、浴室設備、ミシンなどが、あらゆる面で、美しさの面でもかなり申し分ない状態で登場する一方、同時に金色にして甘美に装われた寝室、上品に飾った食事室・居間など「女性の王国(ライヒ)」が企てられているのであって、なおもこうした女性の奴隷的扱いが継続させられていること、さらには女性がまことしやかにいつも新しい罠に掛けられ、騙されてもいるということについては驚くばかりである。

〔図版 44〕ある中産階級の居室改良

（娘の嫁入り道具が納まった戸棚上部は床の上に！　窓や書棚を「開放」。配線のために天井面を分割。それでもなお余りある家具、しかし主婦はこれを不可欠なものと思っている。）

〔図版 45〕ある労働者階級の居室改良

（全ての家具は保持される。椅子の修正は黒い亜麻布張りで。衣装ダンスに付いている鏡は寝室へ設置。振り子時計は置き時計で代用。壁面は截然と色彩で分割――隅部が明るくなる――。ソファーには亜麻布を。飾り戸棚上部には明るい彩色を。照明には紙製のシェードを付け位置を下げる。）

〔図版 46〕ブルーノ・タウト，マグデブルクにおけるレフォルム・ジードルング 「多彩色通り」 1921

その相貌ということを考えた場合、我々はいかに純粋に意匠上の改善をなし得るのだろうか。多くの可能性が指摘できるが、〔図版 23(27 頁)〕に描かれた、V．フサールによる既存住宅の室内改造案はそのひとつの解となるだろう。

他に二つの改造例〔図版 44，45〕を挙げると、そのひとつは市民階級が住む居室で、古美術品収集家が暮らすこの家には豊富に揃えられた錫製品があった。二つめの例は労働者階級の住宅の部屋で、労働者が一般に好む、ちょうど廃れかけた市民階級の住環境が模倣されている。この図面では、改造後の室内空間や家具の位置関係、大きさは改造前と全く同一である。すると、我々の印象では労働者階級の部屋の方が改善し易く、また市民階級のそれよりも集合住宅団地の建築物〔図版 46〕の外観の方が適度に調和が取れているということが明らかになるのである。

V. 居住空間の改善

「変革（ユーバーガング）」という言葉があってこそ、新しい住宅建設に必要な基盤が生み出されることであろう。この方向性に沿って、女性はその能力をなお発揮させていくのである。女性は仕事の調整を新たにするであろうし、なすべき諸々の仕事、子供の世話、調理、料理の盛り付け、食器洗浄、掃除・洗濯、買い物などを作業計画に応じ、実情に即した形で振り分けていくことであろう。テーラーシステム[30]を家政へ転用させた新しい住居学が教示するように、その中には散歩や睡眠のための十分な時間が含まれるのだ。その際、夫や子供達も、ベッドや洗面台など各々使用する場所は普段の必要に応じて自ら整理整頓するというような、家族の協力もその計算に含まれることだろう。

寝具周りをシンプルにすることもまた効果的である。つまり、手間の掛かる羽布団は止めて毛布を用い、冬用に要る場合のみ羽布団に変えるだけでも十分に効果があるのだ。すると、常に住居を整頓できるようになり、やがて冷たい印象を与える豪華さを備えたいわゆる「古き良き室内（グーテシュテューベ）」の根本的要因を取り除いてくれるのである。こうした思い掛けないところにある変化の端緒を何も黙って見逃す手はないのだ。

その最大の要因もどの道凋落の一途を辿る運命にある。雑多なガラクタで溢れていない住居というのは、これまでも、また部分的には今日でさえ、どれも歯牙にも掛けぬといった態度で見られてきた。社会の中ではそのような住み方は見下され、家庭内においては住居人から避けられてきた。今日でもこうした傾向はなお続いていると言えるが、遅くとも 10 年後にはそうした状況も一変することであろう。今後、「スマートなデザイン」は新しい流行（モーデ）を意味するだろうし、住居内における陶製の小さな置物（ニッペ）、およそ無駄な物、小さな絵の周りに乱雑にぶら下がっていたり、散乱し、遍在するあらゆる物は、それこそ見る者が鼻に皺を寄せるきっかけにもなり、延いてはそこに暮らす居住者との付き合いそのものも躊躇されるようになるであろう。

こうした条件を整え、初めて新しい住居の計画・建設が意味を成すのだが、

① 食事室
② 食卓
③ 食器棚
④ 冷蔵庫
⑤ 貯蔵戸棚
⑥ 洗浄設備
⑦ 調理台
⑧ レンジ

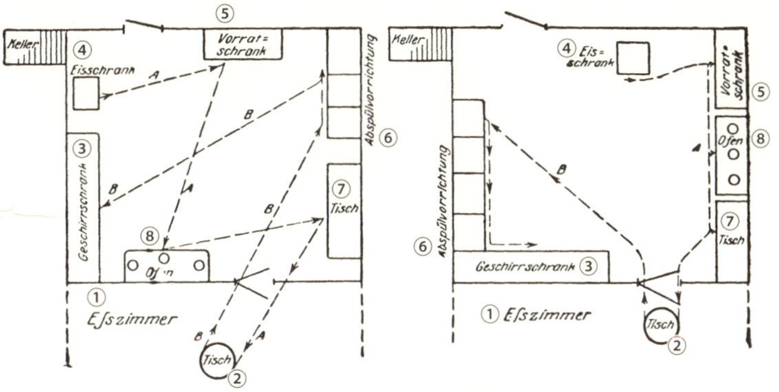

〔図版 47〕クリスティン・フレデリック，台所内の動線図，　左が悪い例　右が正しい例

〔図版 48〕
ガスオーブンと使い易い高さにあるグリル

然らば、いかなる方向へと進展させれば室内配置をより適切にし、その設備を整えることができるのだろうか？

先ず、住居の神経とも言えるのが台所であり、小さな世帯を見ると、主婦の主だった家事は殆んどここで行われている。中小規模の住居は戸数が多いだけに重要な位置付けにあり、そうした住居に適合することは、また大規模な住居にも容易に転用することができ、延いてはそうすることで世界中同様に言われている奉公人の問題の解消にも繋がるのだ。というのも、小さな世帯において女性が果たしていることは大方料理人や部屋係としての役回りなのであり、この部分を大規模な世帯においても解消できれば、当然のこと金銭的節約にも繋がるのである。

それはそれとして、台所の配置と言えば、フレデリック婦人の描いたスケッチに見られる、調理、盛り付け、ならびに後片付け、食器洗いの際の動線図が思い起こされる〔図版 47〕。この種の改善策は、台所において必要とされる家庭用品をいかに最適に選択するか、という点とも関連付けられなくてはならない。周知のようにその選択の可能性は極めて幅広く、最近では、部分的には非常に卓抜し、それでいて低廉な工業製品が現われている――例えばそれは〔図版 48〕に見られる。

アメリカでは、保温器が我々の時代における三大発明品のひとつに数えられ、実に無線通信や飛行機と同様に見做されている程なのである。この主題に関しては、そもそも女性の方が精通しているであろうし、書籍や雑誌で手軽に情報を入手できるだろうから、もうこれ以上私が稿を割く必要もなかろう。

極めて本質的なのは、従って住居における寝室の問題となる。なかんずくドイツでは、多くの改革がなされなければならないように思われる。寝室は最良の、すなわち家の中で最大の部屋でなければならないというスローガンが、資産階級市民の側から大衆の側に対し絶えず投げ掛けられてきた。しかし、贅沢な生活環境のために導入されるおよそ妥当性に欠けること——例えば往々にして食事室を広間のように設えるといった——は、普通の家庭においては全くそぐわないのだ。既に、汽船や寝台車の客室などの実例は、そうした思考が誤りであることを示唆している。換気に気を掛ければ、最小限にコンパクトな部屋の方が、大きな広間などよりも余程確実に熟睡できるのだ。

まさにここで、オランダやイギリスで前々からなされているように、住居内の空間的浪費を改めなければならない。仮に、固定式のベッドを特許付きの折り畳みベッドに換えたり、浴室内の洗面台を可動式にすれば、小さな寝室であっても日中はミシンを掛けたり、子供が宿題をしたりと様々に活用することができるのである。新たに試みられる努力は、しかし断じて後退する動きになってはならず、さもなければ新たにする筈のものが逆に古くさせることになり、各々の変化はもはや改善の方向へは進展していかない。

例えばそうした話として、居間や食事室にベッドを入れる為のニッチを備え付けようという、アルコーブ(31)復活への努力が挙げられよう。これによってどういうことが生じるかと言えば、親、子供共々、居間や食事室で寝巻きに着替え、それから狭いニッチにあるベッドへと潜り込む。やがて朝になって疲労感を覚えながらベッドから降りてきて、再び居間や食事室で洗面したり、衣服に着替えたりするようなことになるのだ。すなわち、あからさまな空間の節約は、ベッドから浴室や便所、食卓から調理台や準備用の台との間の動線をジグザグに交叉させ、動きを面倒にさせるばかりなのである。

他にも、節約と称して、狭い台所のテーブル天板の下に浴槽を配置したりすれば、これを汚したままにしたり手入れを怠ったりと、既に大戦前の集合住宅において確認されていた——最小の住宅タイプでは、かつて浴槽が洗い場にあった——誤りをそのまま繰り返すことになる。

再びかつての誤った方向に陥ってしまうのではなく、住まうことの今後についての考察がなされ、徐々に改良されていくべきであろう。そうすれば、家族の間によからぬ摩擦や支障を来すこともなくなるのである。

食事の準備や配膳、片付け、食器洗い、収納をいかにして最も容易になし得るか？　いかにして就寝、起床、また日常の洗濯、入浴、便器の使用といった一連の動作に全体的な流れを生み出せるか？　さらに、いかにして衣服や下着類を保管するか？

様々な問題に細やかな解答を与えていくことから、新しい構成も、室内スペースの拡大も、また建設コストの削減も導き出されてくるのである。その結果、今度はより良質で、より広くなった室内において以前同様の必要を満たすことが可能となる上、同時に建築物そのものは逆に小規模にできるのである。今日一般に見られる経済的窮状、住宅建設の悲劇的なまでに困難な状況を取り立てて指摘するまでもない。新しい住居は、家具や戸棚の類で溢れている状態から是が非でも解放されなくてはならないのである。

そこで、従来の箱型の家具が不要となるよう、十分な量の造り付け戸棚が設置されなければならない。この点において我々ドイツは、かの二国よりもかなりの遅れを取っていることを認めざるを得ないのである。何しろ最近のオランダでは、既にベッドのフレームまで造り付けている新規住宅も中にはあるぐらいだ。無論、造り付け収納に関しては、この棚には某、あの棚には某というように用途を特化し過ぎるのは好ましくない。そもそも住宅は、短い時間的周期を念頭に造られるものではないのである。家庭というのは、絶えず流れの中にあるようなもので、例えば、件の「寝床用」のニッチも、小さな子供３人程度ではまずまず耐え得るとしても、10 年経って子供が成長し、親も齢を重ねた日には、あんなことはまるで無謀な話になるのだ。

また、浴室内の洗面台用ニッチの傍にある便器を同じニッチ内に配置できないことも小住宅では当然とされていて、そのために現在定められている換気窓の規則などは愚にもつかぬことである。要するに、水洗便所の持続的排気の方が、必ずしも常に開いているとは言えない窓などより余程効果的ではないか。例えば、氷点下まで気温が下がるような時期には、窓は全く開けられないのである。

また暖房の話にしても、台所用と同様に種類も大変豊富で、部分的には性能が良いシステムもある。

いずれにせよ、今後あらゆる視点は、作業の効率化へと注がれるべきであろう。そうすることで、建設費以外にも女性の仕事量をどの程度削減できるか。これは、明示されたり試算されたりするまでもないことで、何よりも先ず、女性たちが余計な物から距離を置きさえすれば、精神的疲労が目に見えて減り、勢い、医師の診察や薬への出費も抑えられるということから推して知るべしである。すっきりとした純正（ラインハイト）が観取され、空間の見通しが利くという状況では、目に見える治療効果を獲得しているのであり、従って、そのような住居の美しさ（シェーンハイト）もまた自明のこととなるのだ。

そうした小さな住居において問題がある場合に、いかなる方向へと設備の改善が進み得るかを明らかにする目的で、〔図版 49〕に示すような、通常、１フロアにおよそ 70 平方メートルで計画される今日の集合住宅を調査してみた。

階段の左側の平面図は、構成自体、然程悪いとは言えない住居で、台所、浴室ほか３室から成り、しかも、ほぼどのような場合でもプロトタイプとなり得

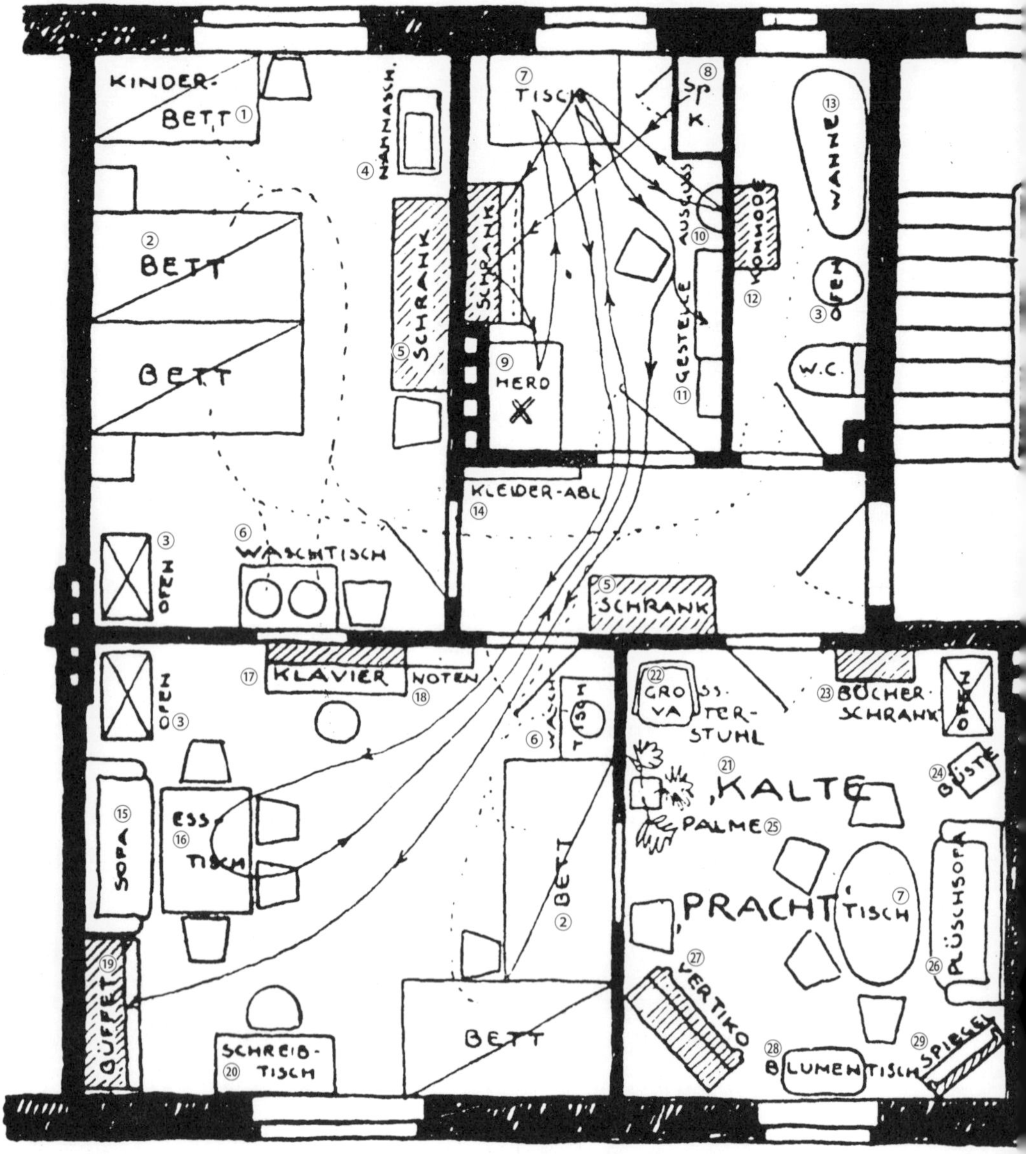

〔図版 49〕一般的な集合住宅の平面図

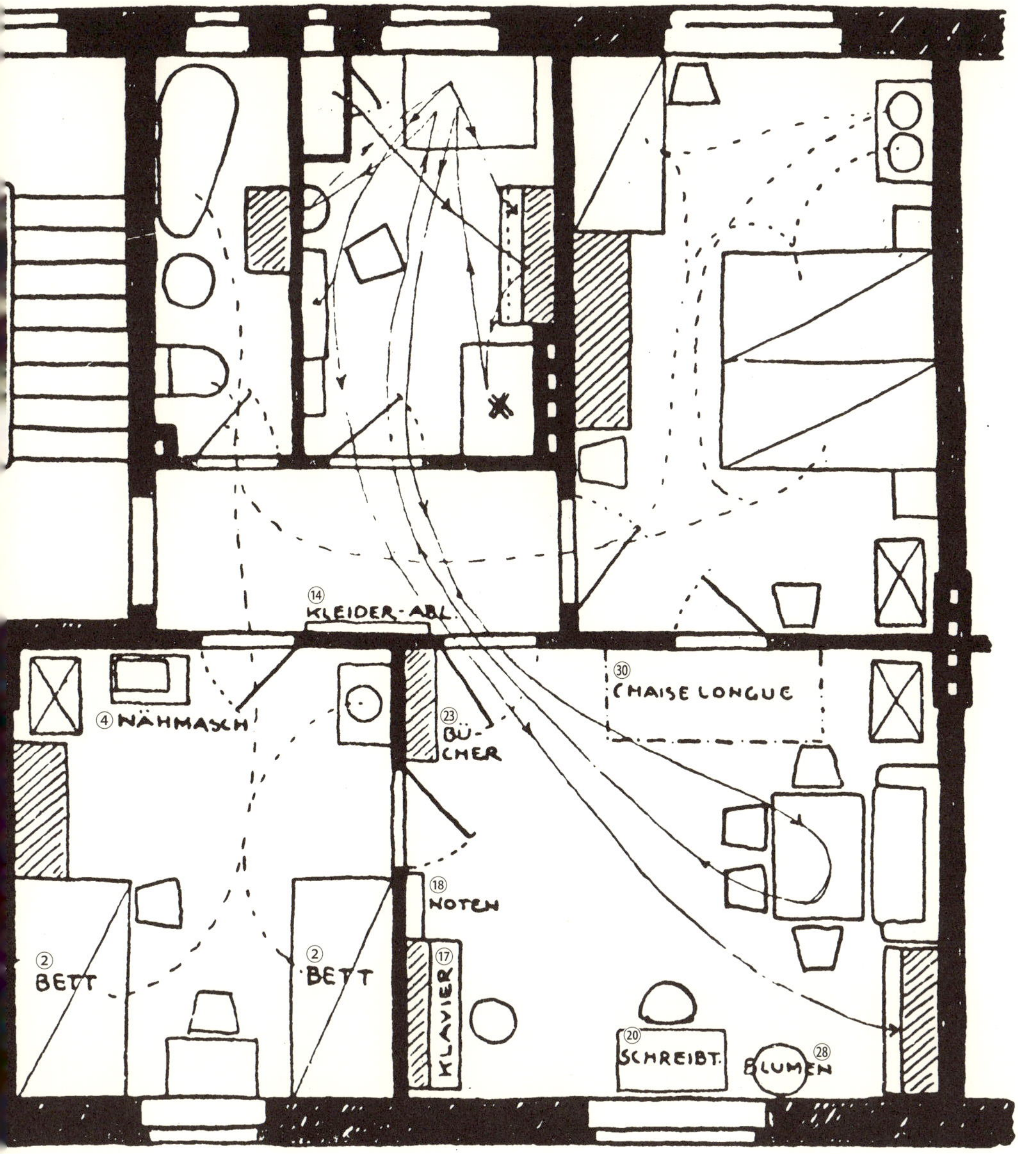

① 子供用ベッド
② ベッド
③ 暖房器具
④ ミシン
⑤ 箪笥
⑥ 洗面台
⑦ 机
⑧ 食料品貯蔵庫
⑨ レンジ
⑩ 水道蛇口
⑪ 用具掛け
⑫ コモード
⑬ 浴槽
⑭ 外套掛け
⑮ ソファー
⑯ 食卓
⑰ ピアノ
⑱ 楽譜
⑲ 食器棚
⑳ 書き物机
㉑ 冷めた煌びやかさ
㉒ おじいちゃん用の椅子
㉓ 本棚
㉔ 胸像
㉕ 椰子の木
㉖ プラッシュ張りのソファー
㉗ 飾り戸棚（ヴェアティコ）
㉘ 花台
㉙ 鏡
㉚ 寝椅子

るよう家具が配置されている。ところが、である。その内の一部屋全体は、いわゆる冷めた煌びやかさを放つ「サロン」、あるいは古きよき室内（グーテシュトゥーベ）であり、洗礼式か聖別式、はたまた誕生日の時ぐらいにしか使われず、それ以外の時には家具倉庫の様相を呈してしまっているのだ。室内を見渡すと、仕方無しにせいぜい洗濯物入れにでも使えるかも知れない小型の飾り戸棚はまだ例外としても、プラッシュのソファーや卵型の机、何かが貼り付いた柱、花瓶を置くための机、椰子の木、本棚、腰掛が数脚あるにも拘わらずそれとは別にあるおじいちゃん用の椅子、そこへ持ってきて他に小型の飾り戸棚もあって……といった具合である。所詮、この部屋は住居として使用されることを拒んでいるのだ。

３人の子供を含む家族全員は、ここに認められるように、その他の部屋で暮らしている。両親の寝室には、２つのベッド、ナイトテーブル、加えて子供用ベッド、ミシン、大きな棚、必要な椅子数脚、そして居間への開口部を遮らざるを得ない洗面台まで詰め込まれているのだ。

この部屋には、また必要が生じれば子供用にと別のベッドが置かれたり、洗面台、本来は居間にある食卓とソファー、食器棚、書き物机、ピアノや譜面台が置かれる。結局、寝室の棚には全ての物が入りきらないので、さらに廊下にも棚が１つ置かれることになる。この住人たちは家具に占拠されてしまい、せっかく建築家が考慮に考慮を重ねながら設計したにせよ、その扉や窓に関心を向けることができないのだ。

浴室は広さにゆとりがあるので、ついついコモードあるいは類似のものを置きたい衝動に駆られるが、その結末はこうだ。湯気でこの家具が駄目になってしまうという危惧から、どの道、益々使われなくなるのが関の山である。

台所には、ガスレンジやシンク周りにおいて戸棚や机、ならびに台が無理矢理に配置されており、この状況をフレデリック婦人のシステムに従って描いてみるならば、乱雑な動線になって表される。この動線自体が寝室を利用する際の動線といかに交錯しているのかも同様に描いたが、これら全ては、主婦が抱える苦労を最も明確に示すものであると言ってよい。

住居内を本質的に整頓された状態で維持することも、また十分に換気することもここでは不可能であり、そこ彼処に数え切れぬ程に存在する古い賃貸住宅や大抵の新築住宅でも、なお全ては、まさに理想と呼ばれるべき平面図とは対極に位置付けられる状況にあるのだ。

この平面図の内、階段の右側に位置する部分は、それでもまだ理性的な生活形態の一例と言える。先の「サロン」に当たる部屋に子供が就寝し、廊下の棚も退かすことができた。だが、それでもなお本質的改善とは言えない。例えば、寝椅子が要るとあらば、再び扉が塞がれてしまわなければならないことになるのである。こうなるともう、第Ⅳ章で述べたような、家事を軽減させたり、家全体に新鮮な印象を付与するための総合的在庫調査を施す他、解決の手立てはない。

そのような整理に対する感性（ズィン）が備わっている女性ならば、例えば〔図版 50〕に示した新しい住居も的確に活用させることができるだろう。この住居の規模は、以前と同じどころか、逆に全体で 3.5 平方メートルも縮小される（つまり、建設費の 5%を節約できる）上、無論、一瞥の内に極めて広い居間があることに気が付くはずだ。その居間には殆んど何も無く、かつての家具配置を克服し、今や 3 つの籐椅子と組になったティーテーブルが暖炉の傍にあるだけである。これぞまさしく、人間の希望に合致する室内空間である。そして、この効果は明晰（クラー）な空間構成によって引き出されたのである。

東側にある 2 つの寝室は、空間を無駄にすることなく、ちょうどベッドの大きさに合わせて計画――新案特許ベッドによって日中、室内空間にゆとりが生まれる――され、洗面台は無く、その代わり浴室には流水で洗える 2 つのシンクとその傍にトイレ用品、タオル、バスタオルなどを収納する棚を 1 つ置く。浴室のスペースは許容される限りに活用されているが、使用するに窮屈なことはなく、とりわけ便所では浴室釜用の排気ダクトを利用して常時換気しているため快適である。その有機的な動線については彼是と説明するまでもない。つまり、両親の寝室には子供部屋を通って入る必要は無く、居間へと至るあの小さな扉も確保されている。壁一面には、奥行き 55 センチメートルの衣服および下着用箪笥が造り付けられ、また 2 つの寝室の間にはいずれの部屋からでもその扉が開閉できるという下着用箪笥が配される。

ここで主婦はオーブンを 3 台も燃焼させる必要はなく、廊下から 3 部屋に暖房を供給する唯 1 つのオーブン（場合によっては地下中央暖房システム）で事足りるのだ。その廊下には外套掛けのある快適なニッチがあり、空間的に見通しが利いている。

西側にある台所と居間は、最も密接な関係に置かれる。造り付けの戸棚、レンジ、調理台、加えて冷蔵庫が隅に置かれ、続いてその食器洗浄用の机、水切り板、シンクといった台所の設備も有機的な順に配置されている〔図版 51〕。図の左側では、壁一面が容器収納に充てられている。部屋の扉の左右にある各棚には、台所側にも居間側にも扉が付いており、食卓から片付けた食器を一旦この棚に入れ、これを台所側から自由に取り出すことができるし、その逆も可能である。また料理を出し入れすることも可能だ。居間へと抜けられる扉は、匂いを遮断するために二重ドア構造になっている。

居間のニッチには書き物机 1 脚があり、また造り付け戸棚の内、床面からの高さが 1 メートルまでの部分を本棚とする他、同様に窓の下も本棚になっている。その反対側にはピアノが置かれ、高い位置に配された窓からの光線

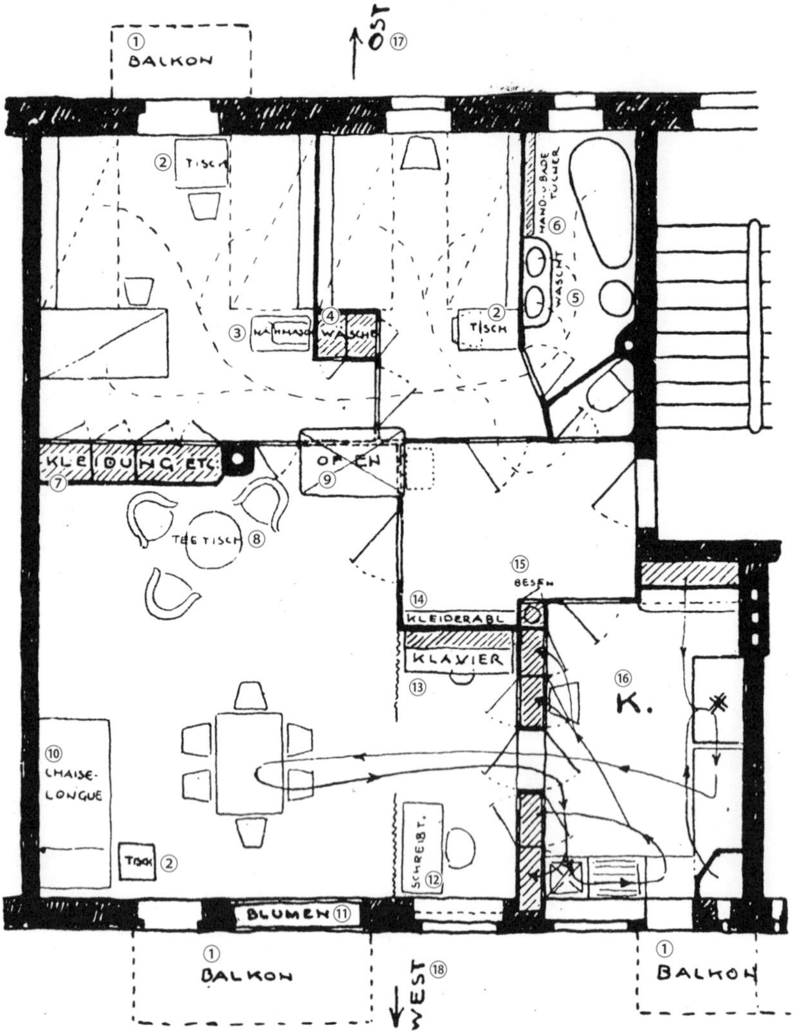

〔図版 50〕 改善後の集合住宅の平面図

① バルコニー
② 机
③ ミシン
④ 下着用箪笥
⑤ 洗面台
⑥ タオル・バスタオル
⑦ 衣服など
⑧ ティーテーブル
⑨ 暖房器具
⑩ 寝椅子
⑪ 花
⑫ 書き物机
⑬ ピアノ
⑭ 外套掛け
⑮ 箒
⑯ 台所
⑰ 東
⑱ 西

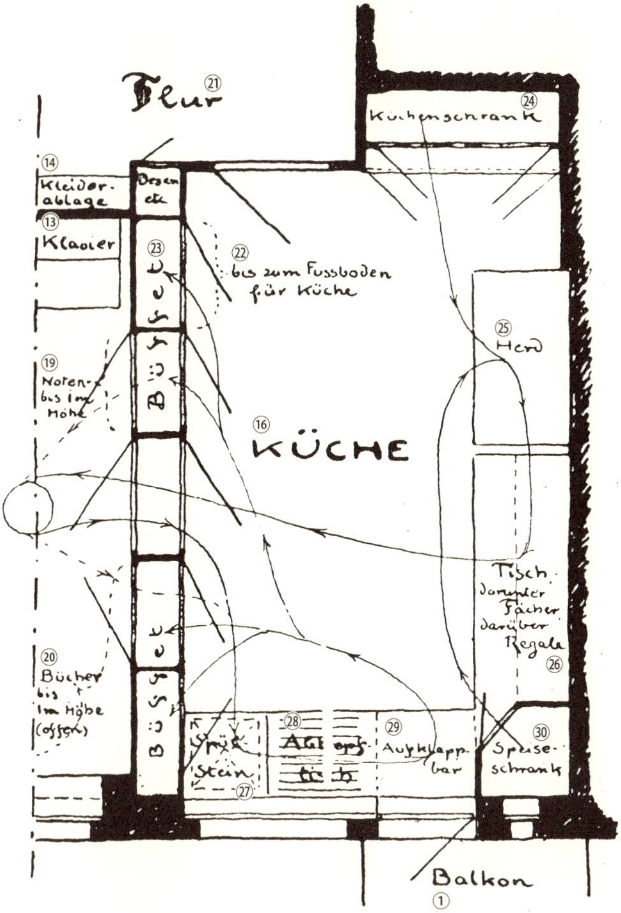

〔図版 51〕　〔図版 50〕の台所部分図

① バルコニー
⑬ ピアノ
⑭ 外套掛け
⑯ 台所
⑲ 1m 高まで楽譜
⑳ 1m 高まで本
㉑ 廊下
㉒ 床面まで台所用
㉓ 食器棚
㉔ 台所用戸棚
㉕ レンジ
㉖ 机（その下に引き出し、上に棚）
㉗ 流し
㉘ 水切り台
㉙ 折り畳み式
㉚ 食糧収納棚

〔図版 52〕　〔図版 50〕の住宅の居間

が丁度譜面に射し込むようになっている。カーテンがあることでニッチにおいて静かに仕事もでき、またピアノを練習する際の遮音効果も期待できる。天井のすぐ下にある高窓は換気用に前倒し窓とし、それ以外の箇所では、花台用の机を置く代わりに出窓を利用した小さな温室を、さらにバルコニーへと出る扉を台所、寝室のバルコニーと同様に設ける。

この居間のスケッチ〔図版 52〕は、上述の室内環境を明示し、そのような住居こそが結局のところより人間的であり、いかに通常の住居よりも人間性を開花させる自由が与えられているかを実証している。

通常の住居では、大量に建設されたものが相互に異なっているか否かなど問題にもされないものである。要するにそれは常に同じ話の反復なのであり、極限へと引き上げられた均一化なのである。だが、ここでは小さな部屋に至るまで、全て一目瞭然に同じ条件が適えられているにも拘わらず、女性に対して何ら支障も過度の負担も掛けることなく、その設備の中には隣家と異なる独自の願望が――独自の配色、少数で可変性のある家具類の配置といったことに――それが空間の決定的な印象となる程、常に鮮明に表われているのだ。

この住宅では、家具や家財道具への出費同様、建設費も削減でき、しかも一層多くの物置スペースが確保されている。下着類や衣服を収納する造り付け戸棚の上部は下がり天井とし、普段は使用しないような物をここに入れておく。次から次へと止め処なく溜まっていく雑多な物をきちんと定期的に片付けることが、何を置いてもここでは第一に求められているのである。さもなければ不衛生の代償として害虫の発生する危険に脅かされることになるのだ。秩序と清潔を保つこと以外に、この害に対処する手段がないことは言うまでもない。

さて、この住居形態を実際にある集合住宅に適用するとどうなるであろうか。次に掲げる〔図版 53 ～ 56〕は、建設当初から造り付けの壁収納など、設備面に配慮することで、いかに田園都市ジードルングにある連続住宅の平面計画を改善し得るかということの例証と言える。

図は、ベルリン郊外ファルケンベルクにある田園都市（ガルテンシュタット）[32]を計画する際に、私が考案した広さおよそ 70 平方メートルある平面図の型（タイプ）を基礎としたもので、

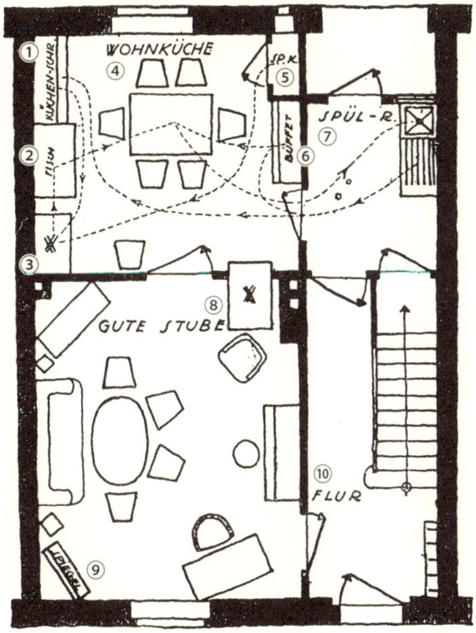

〔図版 53〕 連続住宅　1 階

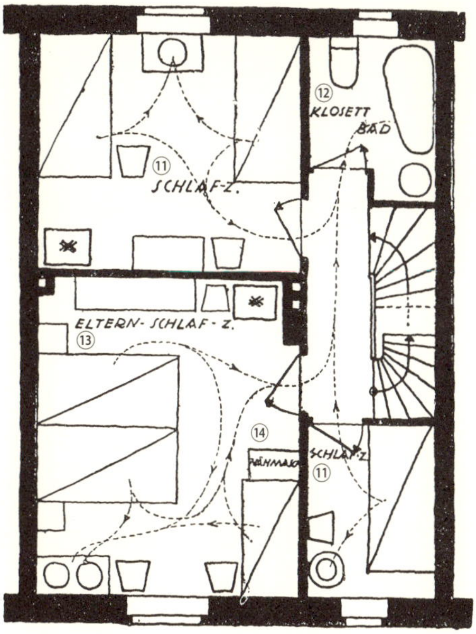

〔図版 54〕 連続住宅　2 階

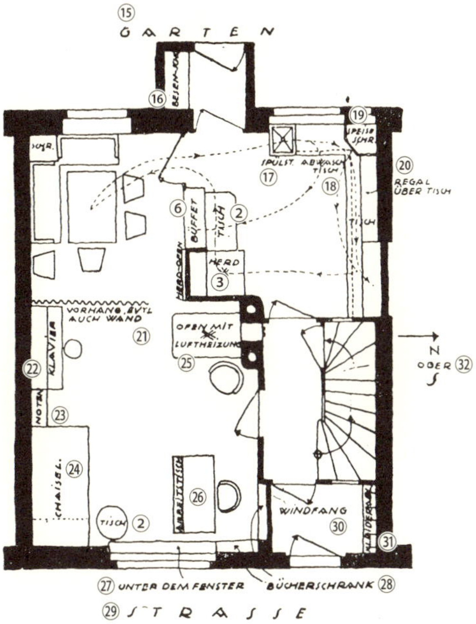

〔図版 55〕 改善後の連続住宅　1 階

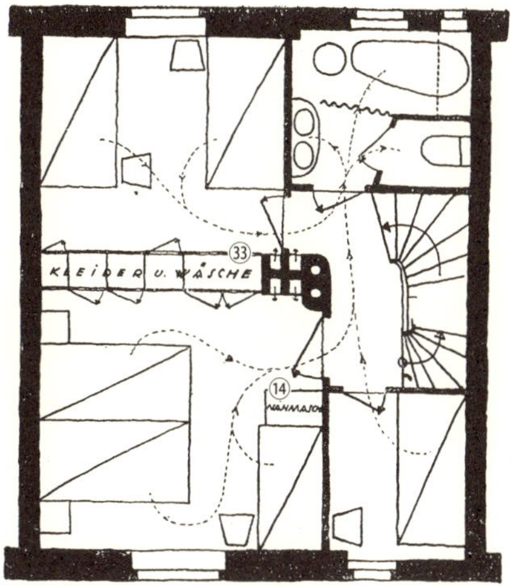

〔図版 56〕 改善後の連続住宅　2 階

① 台所用戸棚
② 机
③ レンジ
④ リビングキッチン
⑤ 食糧貯蔵庫
⑥ 食器棚
⑦ 流し場
⑧ 古き良き部屋
⑨ 鏡
⑩ 廊下
⑪ 寝室
⑫ 便所・浴室
⑬ 両親の寝室
⑭ ミシン
⑮ 庭
⑯ 清掃用具収納庫
⑰ 流し
⑱ 流し台
⑲ 食糧収納棚
⑳ 下は机、上は収納棚
㉑ カーテン、場合によっては壁
㉒ ピアノ
㉓ 楽譜
㉔ 寝椅子
㉕ 温風暖房器
㉖ 書き物机
㉗ 窓下に書棚
㉘ 書棚
㉙ 通り
㉚ 風除室
㉛ 外套掛け
㉜ 北あるいは南
㉝ 衣服および下着

これは実際、比較的良い構成であることを実証した。平面図を見ると、1階には居間の隣に、空間的に余裕のある台所があり、さらに風除室の発展形として流し場にも使えるスペースを隣に設けたので、この台所はリビングキッチンとしても使用することが可能である。2階には寝室が2つ、大人5人と子供1人用の物置が1つある。通常の家具配置について、また、より単純化されたとはいえ、なお台所において交差する動線については、〔図版 53，54〕に描かれている通りである。

そこで、さらに改良を加えた提案〔図版 55，56〕では、台所を食事室と分離し、食事室と居間との間はカーテンで隔てたり、時に開放したり、もしくは壁で仕切ることができるようにした。隅部にある小さな戸棚、ならびに台所側にある壁戸棚は、食器棚としても利用できるように両側面に扉が付いている。台所の設備は完全に行き届いていて、机がただ1脚のみ、レンジの傍に置かれるだけで用は足りる。その他には、台所用戸棚、続き天板の机、そしてその上に棚、下には物置があるだけである。レンジ――大抵の集合住宅では薪や石炭も燃料とされるだろう――には、食事室も共に暖める効果が期待されている。この家の主要な暖房は、大きなストーブを用いた床下式であり、これは廊下を暖め、さらに上階の部屋に温風を供給する。2階には大きなユニット棚を備え付け、また浴室にあるトイレは浴槽と別々に配置され、浴室はゴム製のカーテンで仕切ることが可能である。流しが2つある水道蛇口付きの洗面台も設置した。

さて、こうした配置によって、連続住宅の1戸は従来型に比べ 6.8 平方メートル総床面積を減らしている。建設費の削減幅はおよそ 1500 マルク（およそ 20%、1914 年現在）で、別添の表によると、戸棚類を取り付けたことで 930 マルク分、高くなっている。この合計は、家具類を持ち込む必要が無くなることからもたらされる削減分 680 マルク（しかも手頃な百貨店価格で！）と差し引き全くゼロという訳にはいかないが、ここで同時に造られた収納のための小部屋が以前より大きいという点も考え併せなければなるまい。

建設費、家具費を併せた削減額の合計は、およそ 1200 マルクである。これは予算総額の 13% に当たり、この住宅が仮に 1000 戸建てられるとすれば実に 120 万マルクに上るのだ。このことは、上述の不利益や不利な点を差し引いても、非常に意義深い国民資産の節約を意味する。というのも、今や設備の明解さ、明晰（クラーハイト）さによって、あるいは改良された暖房器具などにより、主婦の仕事は根本的に削減されているが、こうした仕事というのは個々人の勤勉度にも依ることから、数値の上ではなお計ることができない部分もあるのだ。そもそも統計や数値上の比較に際しては、慎重に検討されなくてはならない。例えば、その種の住居は同時に何戸建設されるのか、どのような住民層が入居するのか

1914年現在の試算による

減額分	マルク	増額分	マルク
1. 住宅の躯体部分			
床面積の削減　6.78 × 160 マルク＝	1117. —	庭への風除室 …………………………	約 150. —
壁の削減　3 m（1 階），3 m（2 階）計 6 m分と扉 1 枚分……………………	300. —	化粧室内壁、排気装置 ………………	約 100. —
		諸経費 ………………………………	約 70. —
2. 造り付けの室内設備			
貯蔵室に代え貯蔵庫としたことで …	30. —	台所用戸棚、固定テーブル、棚………	約 150. —
		ガス台傍の食器棚 ……………………	50. —
		水切り台等の置き台 …………………	30. —
		食卓傍のコーナーテーブル …………	30. —
		食卓ベンチ …………………………	30. —
		本棚 …………………………………	60. —
		浴室洗面台、配管設備 ………………	100. —
		浴室内の棚 …………………………	10. —
		2.9 m長の鏡付き戸棚（寝室）………	150. —
	1447. —		930. —
3. 家具、住宅設備			
椅子 4 脚（造り付けベンチのため）…	40. —	**建設費の減額分：**	
食器棚 ………………………………	120. —	1447 マルク（建設費）—	
台所用戸棚 …………………………	120. —	930 マルク（造り付け），6.5％＝	517. —
台所内の棚 …………………………	50. —	**家具類の減額分：**	
飾り戸棚あるいは本棚 ……………	100. —	40 ～ 50％ …………………………	680. —
鏡付き衣服・下着用箪笥　1 個………	120. —	**予算節減の総計額　13%**	1197. —
戸棚　1 個………………………………	40. —		
洗面台　大 1 個………………………	25. —		
洗面台 小 1 個および簡易洗面台 1 個	30. —		
洗面器　4 個および水差し……………	40. —		
	680. —		
1447 ＋ 680 ＝	2227. —		

家事手段の効率化、時間の短縮、清掃作業の簡略化、薬品等の節減、暖房に要する手間、薪・石炭の節約といった日常の家事に関わる負担減少分を試算に加えることはできない。

造り付けの設備に費用が嵩むものの、その分、室内には収納スペースが増し、また見通しが利くようにもなる。

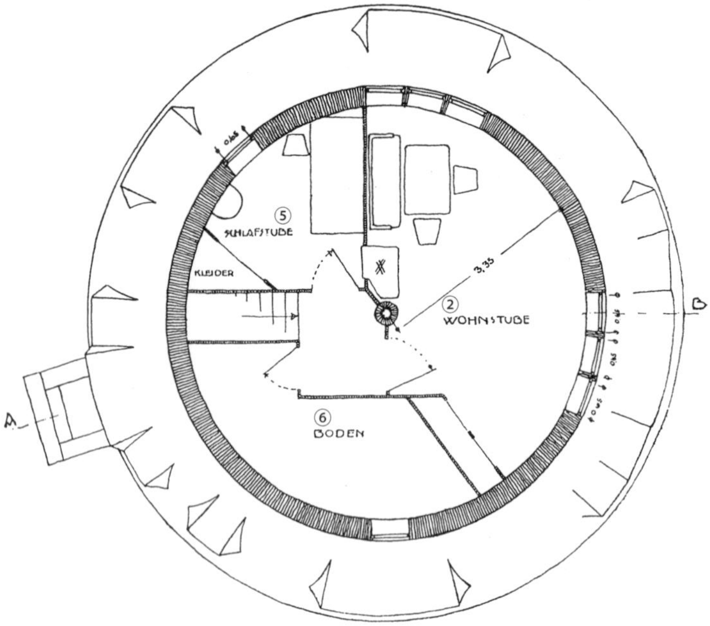

〔図版 57〕 ブルーノ・タウト 円形住宅 2階

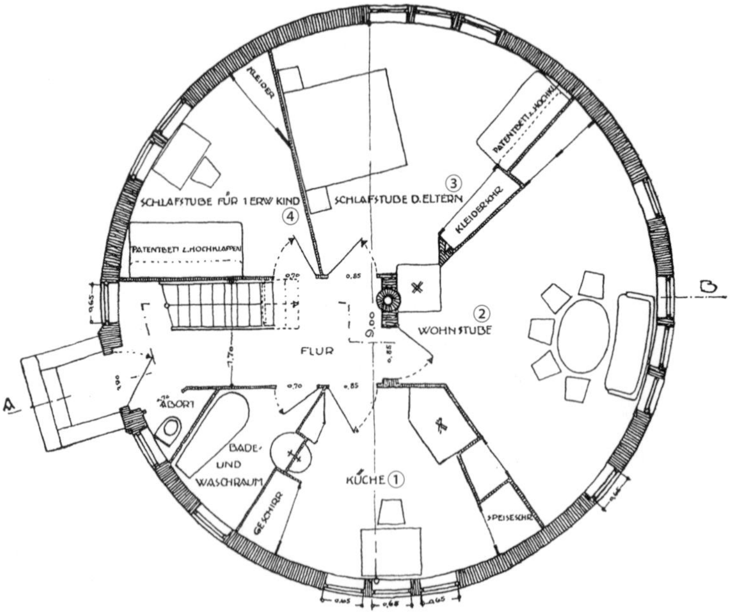

〔図版 58〕 1階

① 台所
② 居間
③ 両親の寝室
④ 子供（青年期）用寝室
⑤ 寝室
⑥ 屋根裏

〔図版 59〕　立面図

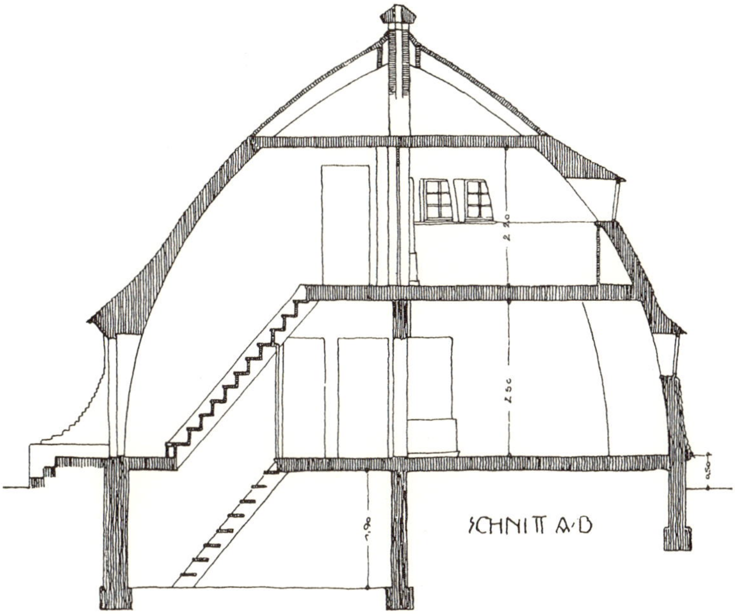

〔図版 60〕　断面図

など、常に特殊な条件によって生ずる多くの付随的事情に左右されるからである。

小規模な戸建住宅の方が、あらゆる個人的な希望を計算に入れやすいということは言うまでもない。これに関して、1921 年に行った仮設建築を設計する仕事では、円形の住宅[33]を提案した〔図版 57 ～ 60〕。先の例と同様に 3 部屋あり、住人の希望を考慮しながら十分な量の壁収納を確保している。上階には居間、寝室があり、ここは例えば祖母が使用する空間となろう。この家には煙突が 1

本、中央にあるのみだ。その山小屋を思わせる特徴的な外観を見ると、窓はまさに内から外に向かって穿たれているが、これは構造的なアプローチから導かれたものである。つまり、厚板製の梁（ツォリンガー式屋根[34]も）は土台にまで達せられ、構造的利点を最大限活用し、かつ建設費の嵩む壁体部分を減らすことができるよう考慮したのである。

同時に、この小さな建物を四隅のある平面形で建てようとすれば、より多くの部屋を必要とするであろうという考えに思い当たった。そうした部屋は2面の壁で外部に接するため、その隅部は室内を冷却させ、ここで全ての隅部を取り除くことで回避されたもの、つまり湿気が表出する機会を与えてしまうのだ。

それればかりでなく数的計算で導き出される経済的側面からも、円形の場合、建設費の大部分を左右する外壁量は相対的に最も少なくなり、平面と周囲との関係が最も効率的であると指摘されている。こうした事情は、この住宅の大量供給を促進させることになろう。

さて次に、中規模戸建住宅、いわゆる邸宅建築の一例を挙げ、いかにして比較的大きな室内環境においても同じ効果を表し得るかを示すことにしよう。先に指摘したように、小住宅は大規模住宅から影響を受けることが多い。規模が大きい場合には、はるかに大きな予算的余地が生まれることから、設備面や家事室に関わる新しい手立てを試み易いのである。

〔図版61～63〕に示した家は、3人の子供を持つ、ある経営者家族を対象としている。1階には3部屋、食事室、居間、そして女性用の書き物机のある小さな部屋がある。給仕が容易なよう、台所は地階ではなく、1階に配置されている。施主は屋外でも食事できるようにと、家と庭との境界に屋根付きのオープン・デッキを設置するよう希望した。こうした条件を基に、以下のような環境がもたらされることになったのである。

台所における最も簡潔な作業動線の確保。とりわけ台所へのアプローチを容易にし、中央玄関から台所へも最適に連絡される点。居間および玄関と台所とを分離し、匂いや物音がそうした空間に入り込むのを回避する点。さらに、配膳室が食事室、ロッジア[35]と直接結ばれていることだ。ロッジアはまた3つの居室全てと直接結ばれなければならない。こうした環境は、この家を東西南北の方位に極めて厳格に従って建てることで達成された。ロッジアは直接南へ面し、2つの居室は午前中の太陽光を活用するために東へ、台所は北西方向へ向いている。ロッジアはこのようにして東西方向の風から守られているのである。同時に、附属室（主要階段、附属階段、衣装室、トイレ、玄関ホールの風除室）が北側に配置されていることで、この家が反対側からの通風によって冷え切ってし

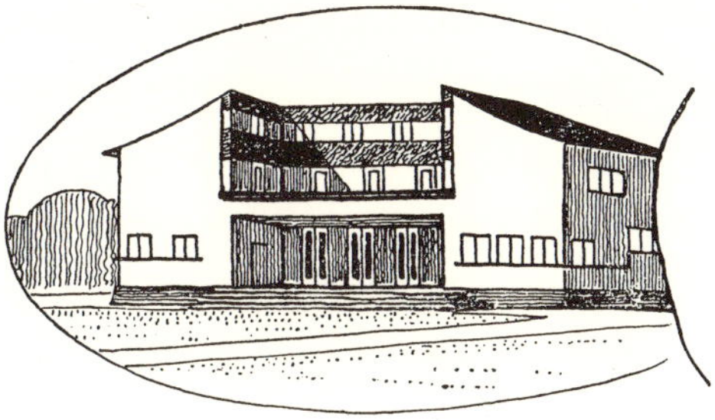

〔図版 61〕 ブルーノ・タウト 邸宅

① ロッジア
② 台所
③ 食事室
④ 居間
⑤ 婦人室
⑥ 玄関ホール
⑦ バルコニー
⑧ 子供部屋
⑨ 来客用寝室
⑩ 収納室
⑪ 裁縫室あるいは
　来客用寝室
⑫ 化粧室
⑬ 両親の寝室

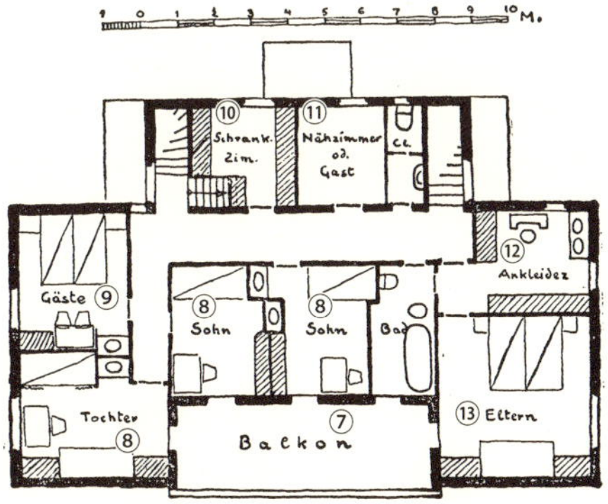

〔図版 62〕 2 階平面図

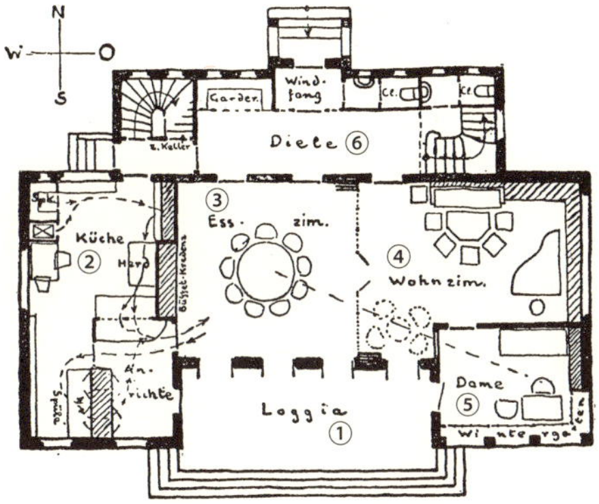

〔図版 63〕 1 階平面図

まう恐れはない。こうした部分を無闇に切り詰めなくても、あらゆる無駄な空間の使用を避けることはできるのである。

同様に居間の空間は、日常生活のどのような用途にも適応しながら十二分に活用されている。食事室と居間との間の仕切りは折り畳むことも可能であり、その結果、団欒の形態に応じてこの２つの部屋は、一体的なホールとしても、あるいはそれぞれ異なる用途に使うこともできるのだ。

食事室には、円い食卓テーブル以外に何ら家具が存在しない。サイドボード式の配膳台も、壁の中へ造り付けてしまっている。居間の東側の大きな高窓の下部には、窓台まで高さがあり、ぐるりと連続する壁収納を置き、これはソファー、机を一体的に融和させている。この木材の色は扉と同様、黒色であり、場合によって芸術作品を保管する場所として、またその天板は一時的に作品を置いておく場所として使える。婦人室には書き物机１脚と寝椅子を設けてあり、居間の延長部分と見做すこともできる。この部屋には、本棚、南東隅部を取り囲むようなサンルーム式の窓がある。また、婦人が書き物机から直接食卓テーブルを見通すこともできるようにした。

３つ全ての居間からロッジアへと出られる扉があり、夏季には開放的でありながら適度に囲われた庭のホールとして活用できる。風の強い季節には、必要に応じて居間の隅部に朝食用の食卓を出すこともできるだろう。こうした多様な使用パターンは、好み次第で自由に変えられるのだ。言うまでもなく、ここではサロンなど不要である（序でに言えば、既にこの種の住宅では大概、サロンは敬遠される傾向にある）。来客用には、日常の使い方に応じて婦人室あるいは居間を充てることもできるのである。

台所を見てみよう。ここは、ゆとりのある設備配置がなされているにも拘わらず、できるだけ少ない作業負担と作業手法に関して最大限の抑制を図り得るよう考えられている。先ず、地下室や食料庫から物を運び上げる冷蔵リフト部分の北側に窓が付けられる。レンジの傍には台所用戸棚、さらに大きな折り畳み式の天板があり、これは配膳室側の机と配膳口で繋がり一体化される。さらに、台所の附属室には食器洗浄器を置き、これは暖房を通して暖められている食器棚と直接に繋がっている。またこの戸棚には両側面に扉が付く。台所は最良の方法で照明されている他、１人で食事をする場所としても利用できるのである。

台所の棚、レンジ、食器洗い設備など個々の装置は、異議の挟み様がない配分法によって作業方法を一括して規定したため、状況に応じておそらく人ひとり分の労力も削減するよう調整することが可能である。既に知られている食器洗浄・乾燥機を用いれば水を直接触らずに済む上、新しいレンジは保温器の原理に倣って、オーブンの扉を極力開けることなく温度計をチェックしながら加熱する（ここでの原則は、「台所内で食事の匂いが大分したら、料理の出来は不味い」である）。

では、この家の２階を紹介しよう。この類の邸宅建築にはよく見られる平均的な部屋構成で、両親の部屋、ドレッサールーム、浴室、子供部屋３室、客人用の部屋、物入れ、ミシン室および便所を配置する。造り付けの洗面台、十分な容量を備える壁収納といった設備は、もはやこの種の住宅では然程に新しいことではなかろう。子供用、両親用の各室、ならびに浴室からはロッジアの上部に当るバルコニーへと出ることができるので、それに対応して私はこの部分を、南側からの直射日光を防ぎ、また壁面の色彩で家そのものを強調するという、言うなれば大きなニッチのような形態にすることを試みた。

この種の建築物における壁収納は、こうした建設計画では顧慮されなければならない要素であり、実際我々の間にも、当然あるべき設備のひとつとして浸透してきた。ということは、これまでも家具を節約することの予算上の利点が認識されていなかった訳ではなく、それだけに一層、小住宅において壁収納を導入することに対して、今日まで殆んど無に等しいほど何もしてこなかったことに驚嘆を覚えるばかりである。問題はただひとつ、既に述べたように我々は英国やオランダから学ばなくてはならない。

当然のことながら、壁収納の普及を決定的に促進させるのは、ある種の決断なり、何より組織的な活動である。万が一引越しをする際には、新しい家で再び煩わしい箱を造らなければならないのではないか、と住人の側が覚悟しなければならないような現状は改められるべきである。そこで、かかる組織は戸棚市場（シュランクベルゼ）――あるいは他に命名の余地もあろうかと思う――を創設することによって運営し得るのではなかろうか。壁収納が装備済みの新住宅にこれから入居しようとする者の家具戸棚を、組合ないしは会社が引換券を発行して買い上げるという、戸棚販売、貸し出し、交換、保管ビジネスを起こすのである。この引換券は、家賃あるいは住宅購入費に充当するか、後に再度引越しがあるような場合には戸棚と引き換えできるように用いられる。この方法は業として確実に成り立つので、仮に上手くいかないのであれば、断固として全ての新築住宅に壁収納を設置するよう当局の規制を求めるべきである。

加えて、ここで屑物、ガラクタといった何か意地の悪い言い方で表してきた物、単刀直入に言えばあらゆる不必要な物に関しても、その素材のみを再利用し、何らかの生産過程に導くか、あるいは熱烈な家具愛好家の下へ流通させるために、我々は戸棚市場と同様の機関を構想することができるのではなかろうか。この事業を設立できれば、これまでの懸案を非常に強いインパクトを伴って解決することが可能であろうし、それは、取りも直さず家具業者、デューラー連盟や工作連盟[(36)]までもが願っていたことなのである。従前は、伝統やらそれに付随する感情の上での頚木があるために、一般の人々、わけても女性にとって必要不可決な論議が常に欠落していた。

それでも、ここに起案した戸棚・ガラクタ市場において、その後、識見に乏しい放埒なやり方で古物取引が行われることになれば、そこで骨抜きにされてしまうこともあり得る。

そこで、そうした機関の文化的な度合いが問われるのである。住宅設備が良いかどうかを試す最も重要な試金石とは、女性の仕事が最小限であることだ。これは、女性ならば皆、自身の経験を以って迷うことなく最も適切に判断できるだろう。

しかし、これまで幾度も述べたように、代々受け継がれてきた感情というものが、我々全てには深刻に圧し掛かっている。未だ経験の浅い若い女性などは活力に満ちているので、雑多な用品、大変に「可愛らしい！」小物類のために生じている仕事を苦も無く熟し、それらが自らに余計な負担を強いていることに気付いていないのだ。そうした感情の継承が見られる以上、家具、その組み立て、合目的性、そして付随的な「家具調度類（ツーベヘア）」、カーテン等々、業績の良好な家具会社を経営する者の異のままに扱われ、売れ行きが良いとされる物の価値も大抵は眉唾物なのである。

従って、ここに私が提案した事業の場では、新品家具、中古家具双方が入り混じった中で、人が手に取るようにガラクタの影響力を認識できるようにする。何より、ここでは経験豊かな女性が若者に対し、ガラクタに帰する負担がいかに大きいかを教える機会が与えられるのだ。おお！　感動のお涙頂戴ものの場面にこと欠かないであろう。

ある女性に、明解（クラー）な思考の持ち主である隣家の婦人や、当の女性の夫——例外的にではあるが——も片付けの必要性を説いた結果、彼女がかなりの品々をガラクタ倉庫に突っ込んだとしよう。するとだ、彼女はおそらく突然に溢れんばかりの涙を流しながら、教授某の手によるとかいう既に見切った筈のオウム炻器を抱擁し出すことであろう。

または、「いや、私はお前を手離したりなどしない。なんて言ったってお前は私の愛するパウル叔父さんが結婚のお祝いにと下さったのだから。すると、その叔父たる人物、くるりと墓の中でひっくり返って……」などという調子なのだ。あるいは、「これは私たちの愛するヴィリーが、趣味でこしらえたものよ。あなた、未だご存知でしたか？　あの子がまさにこうやって……」という類の話や、「この良い子の猫ちゃん——紙粘土で捏ねた品なのだが——も、このユリのように白い女の子——実は石膏製だ——も、20年間来る日も来る日も愛くるしい眼で私を見つめてきたの。なのに、今なぜこの子は粉々にされなければならないの？……粉々（ツェアシュラーゲン）にして、私の幸福を高く売りつけて……。」

賢い隣人と夫は、静かに彼女のやりたいようにさせておくだろう。ひょっとしたら何年後になるやも知れないが、彼女の呪物主義（フェティシズム）が空虚であったと、そして終に、小さな絵や油絵、銅版画も無ければ土産の品々もない「がらんとした」住宅、延いては——彼女から仕事に関する精神的重荷が解けて、その分呪物主義（フェティシズム）や迷信を払拭する新鮮さが与えられるということを考慮に入れなくとも——「何も無いこと」こそがやはり美しいと彼女は自ら悟るようになるであろう。

粉々にすることは、我々に幸福をもたらすのだ。ここでは何を置いても芸術産業（クンストインダストリー）ならびに工芸（クンストゲヴェルベ）という2つの概念が粉々に（ツェアシュラーゲン）されている。

その結果、インダストリーやゲヴェルベという言葉で表わされる、産業そのものの正確で明解な要素が残り、他方、住居の全体的構成こそがまさに芸術的でなければならないので、畢竟、芸術（クンスト）は取り立てて強調するまでもない極く自然な存在となるのだ。すると人は、80年代の産物に対して公正な判断を下すようにさえなるだろうし、それらは「芸術（クンスト）」の要素を排除すると、多くの場合、純粋に産業的に、殆んど例外なく今日の平均的水準を上回る程、極めて丈夫で堅牢に作られていることに気づかされるであろう。装飾が否定された後には、非の打ち所のない構造的な躯体、なかでも椅子の骨組みが露にされるのだ。ヴィーンの籐椅子(37)などが良い例である。これは、次第に失われていった良き伝統を再考する足掛かりとなるのではないか〔図版38，39参照〕。

かつての発明品、例えば靴磨き機などはなおざりにされてきたが、そうした物も再評価されることだろう。まさに明解で飾り気のない住居においては、何よりも床面を艶があって衛生的な状態にすることで、清潔さを保つことができるのだが、我々は日本人のように玄関で靴を脱ぐという習慣をそう易々とは受容できず、また自らを律することも難しい。そこで、主婦を助けるためにはどうしても革新的な靴清浄をしなくてはならないと考え当る訳だが、すると件の優れた設備がやはり有益なのだ。ブラシ部分が靴や長靴の上も下もかかとの部分も実に綺麗にするし、下部には汚れを取り除く滑り止めも付いている。

上に提案したような、実際的であり、事業としても成り立つ変革期（ユーバーガング）の対策は、新しい住宅建設そのものと同様に重要なのである。そうした方策を通じて先ず本格的に女性が建設行為に参画し、体験のひとつひとつを他と結び付けながら改良していくという、よい伝統が形成されるからである。

従って、上述した集合住宅および連続住宅〔図版50～56〕改良の提案も、ただ進むべき方向を特徴付けるために、具体的な事例の数々に沿って検討すべきものであって、住習慣、つまり生活習慣そのものは本質的には不変のままである。従って、生活習慣そのものの変容、なかんずく、女性の解放によって変容させなければならないという点を敢えて言及する必要など殆んどないのである。

こうした考え方に沿う道筋への第一歩と言えるのが、1920年、アムステルダムで実施された設計競技「これからの住まい」で1等を獲得したオランダの建築家J．W．ヤンツェンが、ハーグに建てた住居の型（タイプ）である。その最も

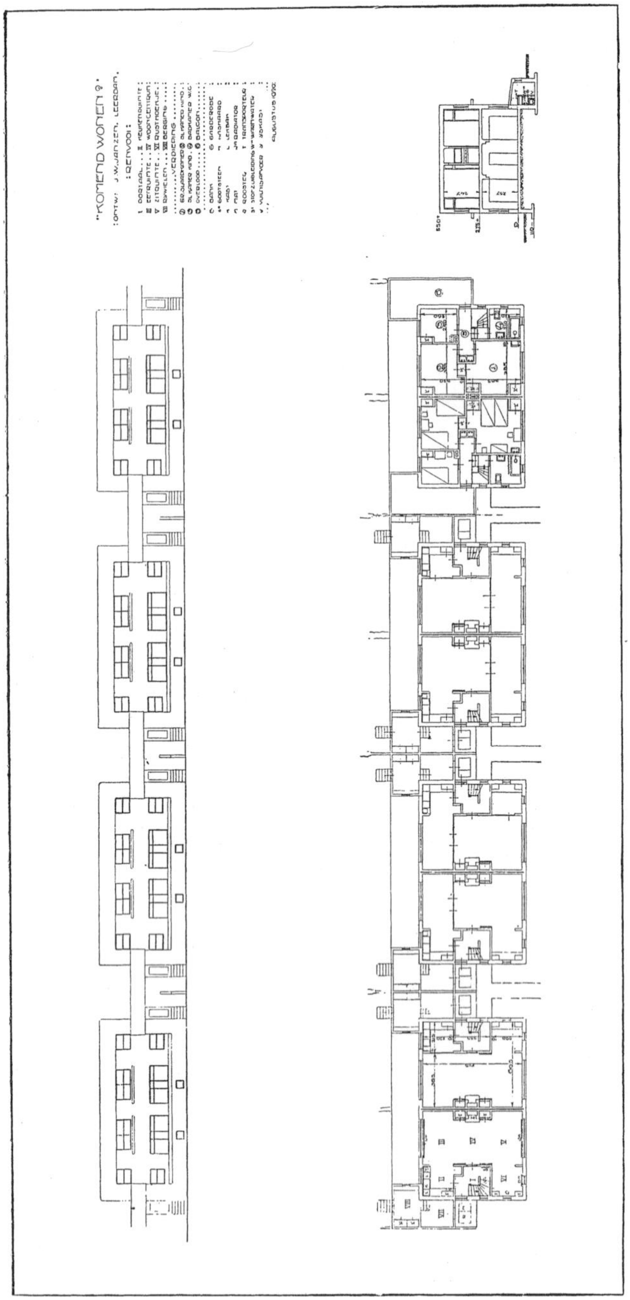

〔図版64〕 J．W．ヤンツェン　ハーグの住宅
一九二〇年、アムステルダムで行われた設計競技〈これからの住まい〉での1等受賞作品

重要な、言うなれば発明に値するのが、1 階の間仕切りの無い部屋である。居間、台所は一体化されているが、極めて優れた折畳式扉を用いると、好みに応じて全く異なる形状で空間を仕切ることができ、それは〔図版 64〕に示すように 5 種類のパターンで考えられている。ここでは、ある程度の生活形態の変化や、レンジ周りあるいは書斎机での仕事、そして食事など場面々々で異なる出来事に住居が絶えず適応できるようになっているのだ。

この住居は、我々の精神面をより活動的に、より簡素に、さらにより喜びに満ちたものとする一層重みのある一歩である。

Ⅵ．「理想の住居」

我々は、いつの時代であっても——それがほぼ達成できるものであれば——自ら変容したり、あるいは拡大していくひとつの目標に向かっている。〔図版１〕はかつての理想の住居であり、これは最も実現の可能性がある目標でもあった。

我々の時代における理想の住居は、上述してきたあらゆることを踏まえ、かなり明確に浮かび上がりつつある。そこで、それを簡潔に表現することも必要であり、そうすれば個別の詳細な問題に対しても淡々と、そして要請に照らして着実に進めていくことができるのだ。

然るに、我々の住居（ヴォーヌング）の理想とは、あるいは理想の住まい（ハイム）とはどのようなものなのだろうか？　それをスケッチに描くべきか、図面で表わすべきか、そもそもそうしたことが可能なのだろうか？

このようにして理想を追求するという話は、やはりその中で住居の問題も関係するであろうユートピアの領域へと拡張されていくものなのだが、しかしながらそれは、そもそもユートピアが意味を持ち得るにしても、多岐に亙る変革への願望の僅か一部分を成すに過ぎない。

ユートピアとは、ある種の新しい断片を、つまり、今日の文化的総体に芽生える新しい萌芽の兆しを、空想によって実現可能な総合的帰結（ゲザムトコンセクエンツ）へと導く際にのみ意味を成し、この帰結とは、そこから何かしら考え得る生活上の現象を含み、再び現代の根本的な意味を推し量る余地を我々に与えているのである。

こうした経路を経て、ユートピアは無意識の内に——事実何度もそう現われてきたように——実用的価値を得ることができ、大抵の新しき現象、発明、社会形態その他は、何年ないし何十年後かに実現に至る。その頃には、当初それらを空想（ファンタスティック）的な装いでアイディアとして紹介した書物が既に忘れ去られている程であろう。その予感されていた遠い未来の理想的住居は、無論、上述のように人間の複合的総体との関係性の中で扱われる対象であり、住居以外で行われるその他の生活、教育、交通、住宅および大都市問題と何らかの形で関連付けて扱わない限りにおいては、非常に不可解なものであり続けるだろう。そうした関連性を指摘する書の多くは実のところ文学作品であり、そのうねりは何と言えどもパウル・シェーアバルト(38)の中に認められる。

私はかつて、拙書『都市の解体、あるいは大地はよき住まい（フォルクヴァング出版、1920）』中、その図版7に未来の住宅をも暗に示唆したことがある。

「基本的には、ただ1つの部屋を備える『箱（シャハテル）』だ。形態は風、太陽、方位の変化に応じて決まる。均質な壁面は絶えず異なった形で構成される。天窓から光が差し込み、暖房、調理、照明器具は電気式だ。間仕切りは、常に種々の条件に順応し易いよう可変式にしてある。居住者各人が、この大きなカプセルの内部で簡単に各々のカプセルを形成することができるのだ。彼等の妨げになるような本棚は無い。というのも、棚は至る所に造り付けられている上、他のあらゆる物は可動性に最も優れた家具である。壁は各々別の色を持ち、外壁、天井もそうなのだ。両方共に周囲に継ぎ目の溝、縁の付いた断熱性のある板で出来ている（ここでは天井の概念に屋根も含まれる――戸建住宅だから！）。この家が展開していく様はまるで人間のようで、活動的であるが堅固でもある。人のための簡単な小屋というのであれば、ただ雨、寒さ、熱から守ることだけを用とする小屋であれば足りる。だからと言って、モグラの盛り土でもよいかというとそうではないのだ。我々はやはり、最も完成された、全く以って有機的な生き物のつもりでいる。

しかし、我々の身体の周囲にあるカプセルは、概念上の住居から距離を保つものでなければならない。」

その最後の言葉からは、いかに我々を取り巻く世界観と未来の住宅とが密接に関わるか、また、それがどのようにして空想から得られる形態に織り込まれていくのか、こうしたことを窺い知ることができるのである。

個別の問題として住居を取り上げることと、ユートピアを語ることとは無論異なる。個別の問題の延長としてユートピアを扱えば、それは本書のテーマを打ち破り、これまで述べてきたことがこれから展開していく膨大な書物のほんの前書き程度のものに過ぎなくなるような対象に肥大してしまうのである。

それでもユートピアへの眼差しは、過去へ目を向けることと同等に価値を持ち得る。我々は、そこから現代の生活に照らして獲得し得る要素を抽出し、決して達成不可能ではない、我々自身の目標を掲げるのだ。現代のあらゆる行為のためにそうした目標は必要とされるのである。

その際、特定の集団の希望や傾向、つまりロマン的なワンダーフォーゲル運動やら若い連中の好むナンセンスなこと、その類のものだけを特化することはできない。また度々見受けられる床座式の生活を取り入れるような傾向は一時的な趨勢であり、それが内部からの条件であって、遠く離れた文化からやってくる外的な影響ではないということが明らかにならない限り、何ら本質を成さないのである。もっとも、住居をそのように制御させることは特段難しいことではない。

むしろ最も危険なのは、原則と理論を形式的に適用することである。この行為は、せいぜいのところ新しい流行（モーデ）を生み出し、それが原因となって本来の創造過程を殺してしまうだけだ。なぜなら、その起源がアカデミーにあるからで、彼らは意識的にしろ無意識の内にしろ、異国に存在する物ないしは、かつて存在した物を模倣してはこれを学校に仕立て上げてしてしまっている。

この芸術的かつ知的な正当化、抽象的概念といった諸々は、あらゆる健全な萌芽を潰してしまうか、あるいは脅やかす存在となっているのだ。それは先ず第一に、工芸学校であり、芸術アカデミー、大学、さらには大抵の見習実習工場でさえ教育を与えているのだ。半世紀も前のあの「好景気（アウフシュヴング）」如きを、「高貴で」「知的な」形態として今なお支持していることも、同様に芸術家が自ら機械工や技術者にはならずして、機械のみを手に入れたいと企てていることも知らずに。

今日の住居の理想とは、すなわち本書がこれまで扱ってきたことを端的につづめれば明らかになる。

理想の頂点に位置付けられるのは決して住居内の単一の特質ではなく、それらの全統合である。それは、今日の人間に絶対的に対応する覆いであるという有機的性質を獲得していなければならず、従って、その覆いは人間の衣服と類似するもの、言うなればその拡張した姿である。

人間の有益性、創造性、それもただ単に個々人の、という訳ではなしに、まさに総体（ゲザムトハイト）としてのそれは、大概、出来事の変化の内にある。我々の時代の変化を考えると、その目に見える兆候とは、従前、いや部分的には少し前でさえ存在しなかったあらゆる現象、つまり、本質的に産業の産物であり、それは今日の我々の生活形態を変えてきたし、また今後、住居をも変容させることになろう。明らかにそれは、自動車、飛行機、モーターボート、遠洋航路船、それに鉄道といった交通手段の開発や、画期的にして我々の生活に不可欠なものとなった、電信、電話、無線、電気、あらゆるエンジン機関、このところ頓に活用されてきている水力、風力、さらに保温器の原理を利用したオーブン、新しくなった暖房といった発明の数々を積極的に理解することによって得られるのである。

新しい素材は、もはや手作業ではなく純粋に産業的に処理され、これは20年前、いや、物によっては10年前でさえ、およそ想像だにしなかったあらゆる新装置を備えて我々の生活に行き渡りつつある。その上、これまで重い防御壁で対抗してきた住宅の内部にまで浸透してきた。今、これらの壁には穴が開け放たれ、部分的には崩れ落ちてきている。その瓦礫は取り除かれなければならないが、さらに良いのはその廃墟をそのままに放っておき、自然な土地に還元してあげることなのだ。

理想の住居は、今挙げた事柄と同様、美学上の美には関わりがなく、また、それらと同様に機能美としての美には関わりがあると言える。同じ事はあらゆる実用的な性質にも当て嵌まり、これは理想の住居には皆無であるとも、あるいは全てがそうであるとも言え、煎じ詰めると、それは単に実用的というよりは美的、倫理的問いでもある訳だ。

家事は、負担としてではなく、歓びへと繋がるそうした有機性の中に位置付けられなければならない。これは可能なことである。どのような仕事でも有機的に分類し得るし、その最終的な成果を個々の業績とし得るので、行き着くところ、これは歓びとなるのである。

その建物がどう形成されるかは、先の章で述べた発展の方向性の中に示唆されており、それは、明るさ、明晰さ、明解さを獲得し、あらゆる負担、あらゆる博物学的な性質、あらゆるカビ臭さから解放される自由を得ること、これを女性の仕事を歓びとする第一の条件に位置付けることから始まる。

すると女性は、夫が職場で行っているように仕事を分類することができ、それによって創造的になれるのだ。例えば片付けに際して、彼女１人のために選りすぐられた仕事は、単に物質上のみならず、まさに概念上、感情の上での問題を複合しているのであり、こうした諸々も同様に扱われることになるのである。

理想の住居では、実用的な要素と美的なそれとが一体化されてこそ完全な美しさを獲得することができる。それは、人を覆うものであり、防御するものであり、総じて思考の器であり、表現や行為そのもの、まさしく人の「住みか（ネスト）」なのだ。

以前と全く異なるのは、かかる住みか（ネスト）のはっきりとした形態であり、過去50年に亙って庭の東屋のような代物と揶揄されてきた形態とはまるで比ぶべくもない。これは、感傷的なお涙頂戴もの、ロマン的な牧歌的風景、夢のような幻覚といったものではなく、発電所の発電・変電室の如く簡素だが、他方これらとも異なり、極めて個人的、個別的で、人間的生活と打ち解けた関係の中で造形されるものでもある。従ってその理想とするところとは、内面的であり、未だ十分とは言えない明晰さ（クラーハイト）が拡張された建物、「４面の壁」と考えれば甚だ単純だが、同時にそれほどに凡庸で、色彩や素材を型通りに当て嵌めればよいという対象でもなく、要するに、将来への夢あるいは思考が建物を通して拡張され、また建物自身も再び拡張していくという関係にある。

最も優れ、かつ最も美しい部屋の配置、家具の配置に関しては、これまでに洗い浚い述べてきたつもりなので改めて説明する必要もなかろう。我々はいかように改良できるかについて本質的に心得ており、女性が実際に創造的になり始めれば理想は次第に明確になり、人間はあらゆる住居の創造の中から、その理想をより明確にし、また現実的にも住み得るよう形成するために、最も優れた住居を選び出すことができるだろう。

今日、自ら拙速に理想を描き出してしまえば、こうした創造の機会を潰してしまい、女性は再び自由を奪われ、畢竟、男性の仕事そのものをこなさなければならなくなるのである。

およそあらゆる理想というのは、存在しているものの総合性（トタリテート）や広範囲に亙る思考と結び付けられている。となると、おそらくある者は、我々の時代の憧れに呼応して「人間こそ中心に」なる標語を掲げるのではないだろうか。だが、私はそうしたいとは思わない。偶像崇拝のような事態へ陥る危険性があまりにも高いのだ。私は創造することで十分に満足であり、この場合、女性の創造力を解放することに満足している。ある教義（ドグマ）を打ち立てる必要はないのである。世の中というのは、思想によって追放されるようなことが少なければ少ない程、一層素晴らしいものとなる。

最も重要なことは決して表出し得ない。しかしそれは、あらゆる行為の内に含まれているのであって、おそらくは言葉で表現することを避けるようにすればする程、一層強固に存在するのである。

無論、1つぐらい旗幟を明らかにすることは必要であるが、その旗が今の世界観に照らしてどのように見えるかは、もはや全く不明という訳ではなくなった。飛行機は既に大洋を越え飛び回っているし、遠洋航海船も、この瞬間にも何千という乗客を乗せ大陸間を往来している。そうしたことがともかくも極めて明確になったのであるから、何人と言えども機先を制してはならないのである。

住居の理想のためにはしかし異論の余地がないひとつのモットーがある。

女性はつくり手ということだ。

心に留めるべきこの金言を、その最終的な段階において消化しなければならない。そうすれば、あまりにも過度に因習の負担が重く圧しかかって、おどおどと迷妄させられていた感情の問題にも解答を見い出すことができるだろう。

今我々が、この簡素で飾り気の無い、全く絵の掛けられていない住宅に住むべきだというのなら、哀れな画家達は一体何を始めたら良いのであろうか。

感情に帰するものは何ひとつ残らず、さらに、仮に家事がそんなにも鮮やかに機能し、一寸した諍いすらも起こらないようにすべきだとしたら、ご婦人方や若い女性は皆、その退屈な中にあって何を始めたら良いのか？——解放された女性の創造力こそが、その答えを与えるのである。さもなくば、女性はその名に恥じることになるまいか。

そこで、12 歳以上の子供および若い女性は、住宅の掃除ばかりではなく、完璧な整頓、すなわち家事を行う際にいつも必要となる簡単な修理や、さらには各自の素質に応じて床磨きや壁・天井の修復、塗装、部屋の印象を変えるための塗り替え、家具・配管・装置類の修理法を習得するのだ。要するに、既に至る所に存在する道具箱は、手入れの行き届いた住宅の作業場を担うようになり、子供の玩具、模型の住宅、新しい人形の部屋は、より多くの創造的才能を備えた手によって生みだされるのである。

スポーツも、身体運動も、庭の手入れも勿論重要なものだ！　ところが、どうしても何かをしたいという衝動が抑えられないからといって、何も彼是と甲斐甲斐しく世話を焼いたり、花や様々な装飾模様、あるいは、せせこましいスローガンを掲げて暴れ回るようなことはしなくてよい。あらゆる模様は滅すことが可能であり、その代わりに何かをしたいという欲求はその希望を見出すことができるのだ。

では、どのように？

例えば、ある部屋の床材全てに、あるいは同様に寝椅子やマットに 1 年間に亙って従事してみよう。または同様に、壁収納の扉の内張りあるいは戸棚用の豊かで自由な織物や刺繍による内張りにさえ従事してみよう。すると、その各々にもたらされる進歩は、新しいクリスマスの贈り物のように素晴らしいものとなろう。

哀れな画家達も、その才能を発揮できずにいることを嘆くことはない。彼らの絵は、今や単に我々を凝視しているだけの存在ではない。我々はそれをじっくりと観察するために手に取り、その後、壁に掛けっ放しにするようなことはせず、そっと隠しておくのである。しかも 1 つの壁収納に付き最も美しい作品が 1 つ、家庭祭壇に掲げられる一幅のように大切に保管され、それは祝い事のある時だけ取り出され、まさに今書いたような手立てを踏んで再び恭しくしまわれるのだ。

常に示されると限らないものは、人の注意を喚起するものだ。期待するということは、取りも直さず常に張り詰めた緊張状態にあるということであり、そうした経過を経て漸く、今日、芸術というものがその言葉通りにあるかどうか、その存否を質すのである。その後もなお留まっているものには価値が認められ、その他の残りは静かに消滅することであろう。

女性の能力とは築き上げられていくものである。その構築を阻止するような要素を除外しつつ、その他の要素を取り込みながら、住居、つまりは住まい（ハイム）を新たに築き上げていくのだ。

今日の市民の生活は、だがこれと全く異なる状況にある。80年代以降の「趣味（ゲシュマック）」程に悪しき国際的統一は、かつて地球上には見られなかった。あらゆる住宅、ホテル、ペンションの室内は、全世界共通に装飾過剰な様相を呈し、その相互に差異は認められなかったのである。

新しい住居は、我々がかつて文化に見出してきた代わりに、今度はどの国民にも共通な理性（フェアヌンフト）に照らして納得いくものでなければならない。まさにそうすることによって、今度は各々の間にある気候、住習慣、感情といった最低限の差異を明確に表現することができるのである。

国民に関わる事情は、人をめぐる事情と何ら変わりはない。人間性を取り立てて強調しなければならないような人の周囲では、既にその人間性そのものは脆いものだ。だが、その認識について明晰（クラー）な方針を抱いて、つまり、簡潔過ぎやしないかとか、自立し過ぎてはいやしないかとあれこれ心を悩ますことなしに、簡潔に推し勧めることができる人は、最終的に最も強い人間性の内に留まるのだ。従って、簡潔で自立した洞察力を身に付けることができれば、すなわち国民は自らに固有の住文化を生み出すことであろう。

Ⅶ. 新しい住宅建設（ハウスバウ）

男性は、女性の解放によって男性の進む方向性も自由にされた後、漸く新しい家を建てることができるのである。彼の自由も、活動性も、既にかなり以前から完成している新しい途へと踏み入ることも、女性を解放すればこそ手中にすることができるだろう。というのも、男性が女性に隷属的労働を強いている限り、彼もまた見えない形で束縛されていることになるのである。

今、居間に鼠 1 匹たりとも隠すことができず、カビ臭さも綺麗さっぱり取り除かれ、もはや窓やランプや机に小さなスカートや下着を履かせるような細工さえ施されなければ、人間は家そのものにも何か別の形を求めるようになるであろう。浅い桟が一杯付いて、その前に小さな植木鉢のあるマンサード窓や、農家住宅を誤解してしまったがために、カラフルな窓の鎧戸が付けられ、その上にはハート形が描かれているような蜂蜜入り焼菓子（レープクーヘン）もどきの小さな家に、要するに、何かしらロマン的で我々の時代に無理矢理に引っ張られている趣味の中には、もはやこれ以上理想を感ずることはできないだろう。その趣味たるや、常に戯画（カリカチュア）でしかないような代物なのだ。人は一度憧れに接してしまうと、いくら努力しようにも誰ひとりとして我々の先人のように、かろうじて生活するような芸当はできなくなるものである。

その新しい住宅（ヴォーンハウス）は、諸々の要望を満たすようになるであろうし、終には、予てより新しい住居に関連して行われてきたことにも完全に適合する筈である。その際、機械、工学、産業を以って我々の生活を変革しようと叫ばれてきたものは、もう少し活用の仕方を考えた方がよい。こうしたものをより詳細に見てみると、従前なされてきた住宅建設とは、ひとつの完全な戯画（カリカチュア）の様を呈していたに過ぎないことさえ露呈されるのだ。

今日でも我々は、住宅をかつて 400 年前にもそうしてきたほぼそのままの工法で建設している。石材を 1 つまた 1 つと積み重ねていき、相変わらず煙は煙突から吐き出され、また壁体に窓を嵌め込み、しかも最も幅があるかあるいは一番良い壁体に窓を穿ってしまう有様である。そのために、必要となる溝

〔図版 65〕　**マグデブルク、レフォルム・ジードルング（私道）**

や継ぎ目から直接室内の熱が奪われていくという損失が生じている。

壁材には、優れた性能を備えつつも大変軽い構造の物があり、そのひとつは断熱壁である。サウナなどには打って付けの材であるが、住宅用にとなると、世間一般や建築家にも古い家の観念が根強く残っているため、結局、壁に小窓を付けることになる。ところがこの窓を穿つために、大変優れた壁全体が無駄になってしまう。強固な建物に窓の継ぎ目ができるだけで、無窓の場合に比べて実に何倍もの熱損失が生じることになるのである。(原注)

同様に奇妙なのは、そのように軽量な壁、その内部構造から言っても申し分なく美しい壁の上方に、曾爺さんの代から受け継がれている石葺きの不格好で重たい屋根が載せられているという実態で、これは詰まるところ先祖返りなのであり、従来の建設手法ではなしに新しいそれの上に矛盾を重ねるという甚だ理解し難い記憶の残片となっている。こうなるとその全体をも完全に戯画(カリカチュア)にしてしまうのである。これとても尽きぬ類例の氷山の一角でしかなく、屋根小屋組み、天井、床面、仕切り壁、基礎などそうした例は枚挙に暇がない。

今日、建築家は一般に、古臭い慣習という頚木の下にあって、それでも能う限り鮮やかに妥協策（例えば〔図版 65〕）を講じようと試みる以外にあまり良い手立てを持っていないし、それとても居住者が持ち込んでくる家具で潰されてしまうのである。

住宅建設のための新しい進歩は我々の目前に迫っている。部分としては非常に優れているあらゆる発明、住宅の部分的構成要素に合った構造体、これらは

原注　カール・ヘンキー博士,『平滑な壁面の熱損失』, R. オルデンブルク出版, ミュンヘン&ベルリン, 1924, 93 ～ 97 頁参照。

従来、その時々の原料の価格動向にも左右されながら個々の会社が促進・販売してきたものであるが、こうした諸々を我々は包括的に扱わなければならない。

1920年にベルリンで開催された低価格（ローコスト）建設展の後、数年間ほど、実効性に欠ける試みやそれに起因した動揺も見られたが、今日では既に払拭され、大きな流れを生み出すことはなかった。この展覧会では、驚くほど多くの細部に至るまでの展示がなされていたが、これらが有機的に関連付けられていなかったために、結局のところ、多かれ少なかれ疑問に思われる催しとなったのだ。

産業界は、これまで他の領域の巨大産業が成してきたように、最も重要な発明の数々を有機的に集約し、試みに総合的成果を導かなければならない。もし行われないのであれば、公的な機関が実施することになる。例えば電灯を製造するとなったら、工場生産用の新しい型を生み出すために、長期間に亙って実験室で試行錯誤を繰り返さなければならないが、まさにこの行為を模範とすべきであろう。

住宅建設には、例えば自動車製造の方法を模範として適用できるのではなかろうか。先ず、最も優れ、かつ最も経済的にして最軽量でもある原材料を慎重に選択し、最適な手段でこれらの材料を組み立て、試験的に実験住宅を建設する。その後、これを最も住み易く、それでいて最も生産が容易な条件を満たすまで長期間に亙って考究し、改良を重ねていくのである。そのためには、ある纏まった期間が想定されていなければならないだろう。その際、机上の作業があまり重要ではないことは明白で、それでもある程度の結果をもたらすではあろうが、本質的なことは、実際的な試行や常に居住タイプを変化させて実験住宅に暮らす経験を通して初めて得られるのである。そうした試行は、個々の構成要素を少数の規格品に区分けし、大量生産のために工場へ注文する段階まで続けられることになる。

すると、住宅は少ない部材で供給され、さらに短期間で建設されるようになる。軽量の機械を使用すれば、特定の部分は建設現場において生産することもできるようになるのである。

こうした潮流はもはや避けられないものである。他にも、例えばある家が非常に優れた保温性を備えているとしたら、これは熱帯地方においても今度は涼しさを保持できるという点から使用に適す訳であり、このように可能性をひとつに限定してしまわなければ、自動車や飛行機の場合とまさしく同様に、新しい事柄（ザッヘ）が主導的な存在となるであろう。

当然、そうした家の外観は、今日的感覚で見た場合、およそ住宅とは思えぬような物になることもあり得る。例を挙げると、先に述べた断熱壁の話に倣えば、室内の照明、換気を1つの装置、つまりは従来の開閉式窓に集約させようとすることなど、これからは純粋に即物的に考えて甚だ無意味なのである。

既にそうしたことから外観は殆んど一切が変容することになるのだ。同じような例は、屋根であろうと何であろうと全てに挙げることができる。

さればと言って、ここに最も安物の唯美主義(エステティシズム)なるものが持ち込まれてはならない。家の外観がどうであるかは、何をおいても誰にでも同一に判断されなければならず、肝心なのは、それが何であるのか、それはどう機能するのか、それが容易に作り得るものなのか、という点でなければならない。その上で自ずから美しさも得られるというものだ。

また、発電を用いて住宅内部を変革することも考えられよう。水力や風力の活用は一層拡大する傾向にあるが、これは照明や暖房、調理、清掃といった一般的な利用にも活路を見出されなくてはならない。複数のオーブンを使用すれば手間も掛かる上、炭埃や煙も発生させてしまうものだが、それに代わって、おそらく床面を均等に暖め、外気温に比して最小限の暖かさを供給できれば、穏やかな暖房手段となり得る。同様に人工的な冷房設備も整備できるだろう。全てはまるで理想郷(ユートピア)での出来事のように聞こえるが、かつてゲーテの同時代人にとって、マッチ棒についての叙述もこんな具合に聞こえていたのかも知れないのだ。

奇妙なのはただ、我々が、住宅建設全般に関わる事柄をそもそも今なお不可解な対象として探りあぐねており、積極的に着手してこなかったことで、それは見ての通り、世界中のどこでもなされていない。常に全てが断片的に留まってきたからであり、それらを組織しようとする大きな広がりが出現する状況ではなかったのだ。何かを組織しようとも、彼等とその課題との間には——まさに住居そのもののように——突き破ることのできない壁のような感情の問題が積層していたのである。

男性諸君も女性同様、感傷的な頚木の中に居たが、女性が自由になればこそ、漸く男性も真に自由の身となるであろう。

〔図版 6〕および〔図版 10〕のような古い例を見ると、往昔は、家の内部と外部との間にそもそも相違が無かったということが判るだろう。それは今日、例えば自動車に認められることである（そこに、子供の飯事用飾りや小さな花瓶その他の物が、にわか成金のように持ち込まれていなければなのだが）。将来の住宅も同じ様に、各々に必ず備わっている固有性に似つかわしい状態でなければならない。感傷的な反発がこの先何年続こうが何十年続こうが、そんなことには何ら構うことはないのである。

今後の住宅は、極めて簡潔に、複数階ある集合住宅と平屋住宅の二つに大別されることになり、しかも階層住宅が平屋住宅の重層した物であると考えれば、両者は有機的に関連付けられるのである。これは、いずれ今日の高層建築の原理――階層建造物の規格階高、あるいは柱の配置法、建物の奥行、階段に関わる標準規格――に倣って先ずは骨格が構築され、さらに産業的に製造された部品が、住宅の規模その他の条件に応じて多様な形で組み込まれていく、という手法で造られることになるであろう。

住宅（ハウス）の建設とは、今や同時に住居（ヴォーヌング）の構築と同義になりつつあり、我々にとって従来馴染みの薄かったある統一（アインハイト）の中に置かれようとしている。今後、住み手は自分自身の生活やそれに合致した働きをする道具に限って家内に持ち込むようにすれば良いのだ。こうした生活が今や格段に力強く、また人間的な造形となり得るということは既に先に触れた通りで、人は雑然とした物から解放されて、漸く完全な人間性を養うようになるのである。個人主義も集産主義も、そうした概念はより高次の統一の下に、男性と女性の自然な、また真の統一の下に消え去ったのだ。

本書で繰り返し強調してきたように、女性は最高のつくり手となるであろう。女性は自ら率先して取り組み、男性が会社や工場、その他どんな職場であろうと軽やかで活動的な精神を宿しながら組織的に仕事をこなしているように、自由にならなければならない。

すると、最終的に女性は家庭（ハイム）におけるつくり手にも、また住宅（ハウス）におけるつくり手にもなるであろう。そして、まさにそれを肯定する意味でも、心待ちにしているという意味でもこう言えるのだ。

建築家が考え
主婦は操るのだ

訳 注

1 Siedlung

本来、小集落・移民村を指す言葉だが、ここでは1920年代以降のドイツを中心に造られた計画的な大規模住宅団地を指す。労働者に良質の住宅を提供するとともに、共同体意識を昂揚させようとする政策に基いて整備された。B.タウトも公益住宅貯蓄建築組合（GEHAG）の建築顧問（1924～32）として、ベルリンを中心に総計およそ1万戸にも上るジードルングを建設し、この動向の中心的役割を果たした。主だった作品として、建物が馬蹄形をしている点が特徴的な「ブリッツ・ジードルング」（1925）や、自然環境に恵まれたグリューネヴァルト近くに位置し、赤松林の中におよそ2000戸の住居が並ぶ「オンケル・トム・ジードルング」（1927～31）などが知られる。

2 Aufschwung

19世紀後半、普仏戦争直後のドイツ各地に起こった空前絶後の好景気を指す。泡沫会社群生時代（Gründerjahre/Gründerzeit）などとも呼称される。とりわけ、この時期に爆発的な都市の膨張をみたベルリンにおいては、図書館、博物館、大学、百貨店、劇場などの大規模公共建築物をはじめ、都市の至る所で装飾性に富むネオ・バロック様式の建物が出現した。そうした建築上の動向に関しては、Architekten- und Ingenieurverein Berlin, „Berlin und seine Bauten（『ベルリンとその建築』）", Berlin, 1877 (rp.1984)/ W. Hegemann, „Das steinerne Berlin（『石のベルリン』）", Lugano, 1930 (rp. Berlin, Frankfurt a.M., Wien, 1963) を参照されたい。

3 G. van Muyden, „Die Erfindungen der neuesten Zeit ; Zwanzig Jahre industrieller Fortschritte im Zeitalter der Weltausstellungen mit Rücksicht auf Patentwesen und Kustindustrie", Leipzig, Spamer, 1883 を指す。

4 Gottfried Semper, „Wissenschaft, Industrie und Kunst ; Vorschläge zur Anregung nationalen Kunstgefühles", Braunschweig, Vieweg und Sohn, 1852 を指す。著者G.ゼムパー（1803～79）は、19世紀ドイツを代表する建築家・建築理論家。ドレスデン宮廷歌劇場（1841/1878）等、ネオ・ルネサンス、ネオ・バロックの壮麗な建築作品を手掛けた偉才として知られる一方で、論述活動（主著『様式』（1863））においても、装飾の起源を技術と素材に求めながら唯物論的な美学を展開させ、B.タウトをはじめ後代の建築家に影響を与えている。上掲の書は、ロンドン滞在中、1851年に開催された万国博覧会に関連して纏められたものである。

5 Priamus

ギリシア伝説に登場するトロイア王。トロイア戦争の際、老齢であった彼は成す術もなく滅び行く祖国を見守るしかなかった。トロイア陥落時に殺され、最後の王となる。

6 Agamemnon

ミュケナイ王。トロイア戦争時のギリシア側総指揮官としてプリアモス率いるトロイアを打ち破った。

7　Luigi Galvani（1737 ～ 98）

イタリアの医者・解剖学者。生物電気を発見し、電気鍍金に応用された。

8　Ellen H. Richards（1842 ～ 1911）

アメリカにおける家政学運動の嚆矢。1908 年、アメリカ家政学会を設立。初代会長としてその発展に情熱を傾ける。新しい時代の家庭管理は、科学的原理に基き、機械的装置も積極的に導入すべきこと、また、それは教育された男女の協力を以ってなされなければならないことを主唱し、これは同時代の住宅建築のあり方にも少なからぬ影響を与えた。本書におけるB．タウトの主張にも、まさにリチャーズのそれと共通する部分が多く認められる。

リチャーズの生涯については、Caroline L. Hunt, The Life of Ellen H. Richards 1842 ～ 1911, 1942/58（邦訳：小木紀之、宮原佑弘 監訳『家政学の母　エレン H．リチャーズの生涯』、家政教育社、1980）に詳しい。

9　Christine Frederick, „The new Housekeeping; Efficiency Studies in Home Management“, 1920 を指す。著者C．フレデリック（1883 ～ 1970）は、アメリカの家政学者。科学技術を導入し、家事を効率化すれば、伝統的な価値観に基く家庭内における女性の位置付けを変える必要はないとする反フェミニストの立場を取る。

なお、この時代の家政学運動をめぐっては、Dolores Hayden, „The Grand Domestic Revolution“, MIT Press, 1981（邦訳：野口美智子、藤原典子 他訳『家事大革命―アメリカの住宅、近隣、都市におけるフェミニスト・デザインの歴史―』、勁草書房、1985）に詳しい。

10　Paul Schultze-Naumburg（1869 ～ 1949）

ドイツの画家、建築家、建築理論家。ビーダーマイヤー様式ないしはイギリス同時代建築を範とする、伝統に結び付いた住宅造形を理想とした。代表作は、ネオ・テューダー様式で建てられたポツダムのチェチーリエンホーフ（1913 ～ 17）である。„Häusliche Kunstpflege（『家庭における芸術の育成』）“ , Leipzig, 1902/„Hausbau ; Einführende Gedanken zu den Kulturarbeiten（『住宅建築―文化的事業への拡大をめざして―』）“, München, 1907/ „Die Kunst der Deutschen（『ドイツの芸術』）“, Stuttgart & Berlin , 1934 など多数の著書がある。

11　アダム様式とは、18 世紀イギリスの兄弟建築家R．アダム（1728 ～ 92）、J．アダム（1732 ～ 94）が手掛けた室内装飾様式の名称。天井、壁面から暖炉、家具、絨毯、ドア把手に至るまでを、古典主義様式に基くモティーフに自らの創意を融合させた軽快にして優雅なデザインで統一させている。

12　Lambrequin

窓をはじめ、戸口や寝台の上部に垂らす透かし模様の入った飾り布のこと。

13　Nische

壁などの垂直面に造られる凹部のこと。彫像や装飾品を飾るための場所として、あるいは椅子やベッドを設ける場所として用いることができる。

14　Hieronyms（ca.345 ～ 420）

アウグスティヌスに並ぶ学識を備えていたとされる聖職者。聖書をラテン語訳したことがその功績として知られる。

15　Heinrich Tessenow（1876 ～ 1950）

ドイツの建築家・建築理論家。ドイツ工作連盟の設立時からのメンバーで、住宅建築に実用性を導入することを唱え、その近代化に寄与した。代表作品に、ドレスデン郊外ヘレラウに建つダンス学校（1910）が挙げられ、古典主義建築の端正な構成と装飾のない即物的造形性とを融合させている。ベルリンに建つK．F．シンケル（1781 ～ 1841）の設計による新衛兵所内部を改修（1931）した建築家としても知られる。

著書に „Der Wohnhausbau（『住宅建築』）“, München, 1909 などがある。

16　Pieter Jan Christophel Klaarhammer（1874 ～ 1954）

　オランダの建築・家具デザイナー。ユトレヒトを拠点に活躍し、デ・スティルの活動にも部分的に与した。とりわけ、1918 年に V.フサール（訳註 17）と共同で手掛けたフォーブルフの住宅における子供寝室の設えで知られる。なお Th.リートフェルト（訳註 18）は、クラーハマーがユトレヒトの工芸学校で教鞭を取っていた時の学生であった。

17　Vilmos Huszar（1884 ～ 1960）

　ハンガリー生まれの装飾画家で、主にオランダで活躍した。Th. v.ドゥースブルフ（1883 ～ 1931）に出会い、1917 年のデ・スティルの設立メンバーとなった。P.クラーハマー（訳註 16）ら建築家と共同で室内装飾を多数手掛け、独自の色彩構成を展開させている。

18　Gerrit Thomas Rietveld（1888 ～ 1964）

　オランダの家具デザイナー・建築家。デ・スティルのメンバーとして、単純な空間的要素を結合させていく独自の近代建築デザインを開拓したことで知られる。その作品に、レッド / ブルー・チェア（1918）、ユトレヒトにあるシュレーダー邸（1924）などがある。

19　M. ヴァーグナー（1885 ～ 1957）と共同で手掛けた、ベルリン南西部にあるリンデンホーフ・ジードルング（1918 ～ 21）を指す。〔図版 25〕にあるように、ニッチ部分の湾曲した壁面、躍動的な渦を巻く天井面、さらに芸術労働評議会員でもあった F.ムッツェンベッヒャーの手による大胆な色彩装飾の組み合わせは大変に注目された。

20　Otto Bartning（1883 ～ 1959）

　ドイツ表現派の建築家。表現主義に特有の生命感に溢れる造形を数々の教会建築（「鉄の教会」（1928、ケルン）、「円形教会」（1930、エッセン）等）に開花させた建築家として知られるが、わけても巨大アーチが幾重にも空間を取り巻く幻想的な「星の教会」（1922）案は、人々に強い衝撃を与えた作品である。著書に „Vom neuen Kirchenbau（『新しい教会建築について』）“, 1919 などがある。

21　Haus am Horn

　ヴァイマール時代のバウハウスで教官を務めた芸術家 G.ムッヘ（1895 ～ 1987）、当時のバウハウス校長W. グロピウス（1883 ～ 1969）共同で提案された実験住宅を指す。正方形で中庭型の居間を中心に、使い勝手の良さを追求した台所など各室が取り囲むという、その配置関係においても、構造上においても極めて明解な建築表現がなされた。

22　Jan Wils（1891 ～ 1972）

　オランダの建築家。Th. v.ドゥースブルフ、V.フサール（訳註 17）らと出会い、デ・スティルの活動に与しながら、一方で F. L.ライト（1867 ～ 1959）に見られる軒の長い煉瓦造建築にも影響を受け、その双方を融合させるという独自の造形性を展開させた。

23　Linoleum/Steinholz

　リノリウムは、亜麻仁油などを酸化させ、麻布上に圧延した床張り材。1850 年代のイギリスで開発された。耐磨耗性が強く、清掃も容易で衛生的である。キシロリットとは、木屑と強度に優れた特殊セメントを混合した塗床材料。仕上がり面は光沢があり、やはり衛生的である。

24　Mietskaserne

　1870 年代以降の好景気（訳註 2）を背景として急増する労働者向けにドイツの都

市部で供給された住宅を指す。賃貸兵舎という名が示す通り採光・換気も不十分で、衛生設備も極端に不足し常に悪臭が立ち込める中、時に一部屋に十数人が寝泊りするという劣悪この上ない住環境であった。

25 Kommode

17 世紀フランスに起源を持つ極めて装飾性の高い小型の箪笥のこと。

26 Mull

白色の羊毛を薄く柔らかく織った上質な素材を言う。

27 Tassel

カーテンを纏める際に使う物で、絹糸、人造絹糸、毛糸、綿糸などで作られた房。

28 Plush

毛足が長く、比較的パイルの数が少ないビロードを指す。

29 Cretonne

カーテン、掛布、家具カバー張地などに用いる厚手の織物。通常、経糸に細糸、緯糸に太糸を使用する。

30 Taylorsystem

アメリカの生産工学者 F. W. テーラー（1865 ～ 1915）が提唱した理論。ひとつの作業過程を詳細に細分化し、その各々の動作に要する時間を割当て、作業全体を時間的に管理しようとする「科学的管理法（scientific management)」を唱える。従来の経験則や勘に頼る方式を改め、無駄を排除し、最小限のコストで最大限の生産性を得ようとするこの論は、以後、家庭管理のあり方にも大きな影響を与えた。Frederick W. Taylor, „The Principles of Scientific Management", 1911（邦訳：上野陽一訳編、『科学的管理法』、産業能率短期大学出版部、1969）を参照されたい。

31 Alcove

近世フランスでは主室に付属する小部屋を指したが、一般には、部屋の壁面を床の間のように一部分後退させて設けられた凹部のことを言う。ベッド、机、書棚などを置き、半独立した空間として利用できる。

32 Gartenstadt Falkenberg

ベルリン東南部、グリューナウ地区に B. タウトが 1913 年より計画した田園都市型の住宅団地。1910 年に設立されたベルリン公共建築組合が敷地を確保し、当時、イギリスに端を発した田園都市運動に興味を抱いていたタウトが設計した。外壁には青や橙色などの色彩を大胆に施したため、当初、「絵の具箱のコロニー」などと揶揄されたが、現在では保存・修復が成され、個性的な住宅地として親しまれている。

33 1921 年開催の中部ドイツ展（正式には「マグデブルク・中部ドイツのジードルング、社会福祉、労働に関する展覧会（＝ MIAMA)」）会場に公園管理人用の住宅として設計された。全体に小規模で、床面積は下階が 63、上階がおよそ 40 平方メートルである。当時、B. タウトは中部ドイツの都市マグデブルクにおける市建築監督（1921 ～ 24）を務めていた。

34 Zollingerdach

ドイツの建築家 F. ツォーリンガー（1880 ～ 1945）が考案した構法 。単一部材を格子状に組み上げていくだけでよいので、短期間に大量かつ安価に建設することを可能にした 。鉄道、空港、工場、学校施設などに幅広く用いられ、なかでも住宅供給への貢献度は高い 。1920 年代初めに特許を取得していることから、タウトは当時最新の技術を導入していたと言えよう 。

35 Loggia

伊語で部屋・小部屋の意だが、ここでは、主屋に接続して設けられ、片側をアーケードないし列柱で開放された屋根付きギャラリーを言う。

36　Deutscher Werkbund

H.ムテジウス（1861 ～ 1927）による「装飾を排し即物的で単純な造形を目指す」との考え方に共鳴した建築家、芸術家、製造業者らによって1907年に結成された。当初のメンバーにH.ヴァン＝デ＝ヴェルデ（1863 ～ 1957）、H.ペルツィッヒ（1869 ～ 1936）、J.ホフマン（1870 ～ 1956）、P.ベーレンス（1868 ～ 1940）らが連なる。美学と工学との新たな関係性を模索し、ドイツの美術・工業製品の質を向上させた。

37　トーネットの曲げ木家具を指す。これは19世紀前半のヴィーンでM.トーネット（1796 ～ 1871）が開発した、ブナ材を蒸気によって曲げる独特の工法で生産される家具で、優雅にして機能的であることから瞬く間に世界中で使われるようになった。20世紀に入っても、ル・コルビュジエ（1887 ～ 1965）等、近代建築の空間性に調和する家具として愛用する建築家が多かった。

38　Paul Scheerbart（1863 ～ 1915）

ベルリンで活躍した幻想的小説作家・詩人。1914年にガラスを讃美する文章をB.タウトに捧げ、タウトはこれに呼応する形で、同年ケルンで開催されたドイツ工作連盟展に色ガラスを散りばめた幻惑的なパヴィリオン建築として知られる「ガラスの家」（1914）を建造する。マグデブルクで発刊された雑誌「曙光（フリューリヒト）」にも幾本かの論文を寄せている。

訳者あとがき

本書は、Bruno Taut, Die neue Wohnung, Die Frau als Schöpferin, Verlag Klinkhardt & Biermann, Leipzig, 1924 の全訳である。訳出にあたっては、第 1 版を底本とした。

この本は、刊行後僅か 2 週間にして初版 5,000 部が完売するほどの反響を呼び、翌 25 年まで増補改訂が繰り返される度に、著者自身により数頁のあとがきが加筆されたのだが、この部分は 3 年後に出された『一住宅』(Bruno Taut, Ein Wohnhaus, Franckh'sche Verlagshandlung, Stuttgart, 1927) の内容とかなり重複するため、ここでは割愛することとした。

この『一住宅』について少し触れておくと、これは、タウトがベルリン郊外ダーレヴィッツに建てた自邸 (1926) に関する詳細や設計過程が具体的に記された大変に興味深い書籍である。ちょうど、本書『新しい住居　つくり手としての女性』は、タウトの住宅論を理解する上での「概説編」として、そして『一住宅』は、その実例を提示する「実践編」として位置付けることができる。したがって、より深い理解のために、是非『一住宅』(中央公論美術出版 ,2004) も併せて手に取られることを読者の方々にお勧めしたい。

なお、両書は近年、ベルリンの出版社 Gebröder Mann Verlag から相次いでリプリント版――『新しい住居』(2001) にはマンフレッド・シュパイデル氏、『一住宅』(1995) にはローランド・イェーガー氏による解説が付く――が出され、ドイツの建築界においても再び注目されている。

さて、本書『新しい住居』である。その冒頭に掲げられた献辞にも明らかなように、当時、女性を第一の読者対象として出され、家事作業をいかに合理的に整理し、機械化し、主婦の負担を軽減できるか、という問題に建築的視点から解答を与えようとした書である 。その際、専門的な文献というよりは、むしろ実用書としての性格を帯びていたため、上述のように一般の読者を満足させるベストセラーとなったのである 。それを裏付けるように、これも建築家の書としては異例なことだが、本書は結婚式の贈り物用にと好んで購入されることも多かったという。そもそも、タウトは既に 1920 年頃から、女性と家事問題を主題とする論文を幾つか女性向け雑誌に発表しており、本書の中にも初出をそうした媒体に遡れるテキストが部分的に収録されている 。

だが、ひるがえって考えてみると、タウトがこうした女性向けの実用書を手掛けていたという事実に驚きや意外性を感じられる方も多いのではないだろうか。とりわけ、幻視的な建築や都市を理想とする表現主義時代を生きた建築家という印象が強ければ、その隔たりは大きいと思う。

確かに 1910 年代のタウトを振り返ると、機能性や構造といった現実的な諸条件は留保し、敢えて実現可能性の一切を回避しているからこそ得られるダイナミズムを謳歌するような傾向が強く、建築通史の上でも凡そその部分に強勢が置かれてきた。タウトのユートピア論三部作と言われる『都市の冠』(1915/19)、『アルプス建築』(1918/19)、『都市の解体』(1920)などは、まさにそうした着想の集大成である。加えて、日本においては、

1930年代のタウト来日、およびその際に書き綴られた日本文化論の周辺が取り上げられることが多い。

そうしたことから、本書のような1920年代に著された住宅論は、「表現主義の建築家」―「日本文化に関わりの深い建築家」という双璧の間に埋没し、これまで焦点となることが比較的少なかったのである。無論、既邦訳書の中にも含まれていない。したがって、今回の邦訳を機に、従来のタウト像に新たな側面を付け加えていくことができるのではないかと期待している。

それにしても、途轍もなく壮大で理念的な青写真を呈示していたタウトが、20年代に至って、今度は発想の始点をまるで反転させ、本書で見るように調理器具や収納棚といった建築の最も詳細な部分から諸問題の解決策を講じようとしている点は興味深いところだ。建築家自身の方針転換とでも呼べる瞬間である。

その背景は様々に指摘できるだろうが、同時代オランダの合理的住宅建築からの刺激、さらにアメリカのC.フレデリック、ドイツのE.マイヤーといった家政学者が纏めた、女性の視点で合理的に住宅を改造しようとする理論書などから現実的な視点を得、それを独自に展開させたことが本書からは伺える。

1920年代のドイツでは、第一次大戦後の低迷から回復するため、社会をとり巻くあらゆる物の規格化、合理化が急速に進められていった。ところが、この規格化を生産の効率性という面からのみ押し進めれば、住居はやがて画一化し、住み手の側の多様性や創造性を喪失させることになる上、住居内で発生する種々の問題が、すべて機械装置の次元に転化されてしまう恐れもある。規格化を推進することと個性や独創性喪失への懸念という問題は、1枚のメダルの両面を成していたのである。

そこでタウトが提案したのは、住居の使い手が同時に「つくり手」としてその制作プロセスに参加していこうではないか、そうすれば住居は均質な機械装置のようにはならず、むしろ主婦が効率的な方法で装置を使いこなし、住まいづくりを先導していくようになる、という策であった。建築家が住居をいくら物理的に改良したところで、その役割にも限界があり、これが個々の快適性に必ずしも結び付く訳ではない。けれども、あらかじめ住み手の側に住居を適切に運用する感性と能力が備わっていれば、そこに理想的な住居が成立し得るという発想である。「建築家が考え、主婦が操る」と繰り返される格言にそれは凝縮されているし、別の言い方をすれば、タウトが、それまで別々の俎上で議論されてきた2つの問い、すなわち「どういう住居を提供できるか」という建築家側の問題機構と、「人はどう住まうべきか」という住み手側のそれとを同一直線上に整理し、ある収束点を導いたと指摘することもできるだろう。

そうした前提を踏まえ、タウトが本書で具体的に求めていることは至極明快である。すなわち、住居内に散乱する「ガラクタ類の除去」と「大胆な色彩空間の創造」という2つの改革を我々に迫っている。それは、〔図44, 45〕が端的に示す通りだが、無論、単に住居の皮相的な改善を求めている訳ではない。ガラクタを取り除くこととは、すなわち家中に漂う古い因習、伝統のしがらみを払拭する意味を伴うのであり、また、消去法で選択された結果としての白色や中間色ではなく、活き活きとした原色を施すということは、女性が能動的に、自由に住居計画に携わることの象徴でもあった。タウトにとって、住環境を改善するという発案は、社会構造そのものの変革と直接的に連続していたのであり、これは同時に、男性社会と女性の生活領域との新たな接線を描き出す試みでもあった。

こうした、極めて明快な「解体」と「参加」というメッセージ性こそ、社会改革者としての建築家、タウトによる住宅論の本質を浮き彫りにするものである。しかも、タウトはこれをスローガンの如く上から一元的に押し付けてしまうのではなしに、住み手が極めて個別的で小さな事柄から変革していけるよう、的確なヒントの数々をここに凝集させているのである。個に主眼を置く提案であったからこそ、本書は一層多くの読者の心を掴んだのだろう。

タウトが本書をしたためてから既に80年が経った。今日の住宅は、と見わたせば、住居内を埋め尽くす色々な意味での「ガラクタ」は愈々もって増すばかりであるし、壁面を青や赤に彩色することによって自らの創造性を試すこともなかった。我々の生活は、相変わらず無彩色の壁面の中で営まれ、何より、住居とは建築家の手から受動的に与えられるものだという観念から未だ逃れられずにいるのではなかろうか。

確かに、現代はタウトの生きた時代に比べ、技術的な進歩によって家事の負担を軽減させることはできた。また男女の役割そのものが当時とは様相を異にするのも確かである。だが、そうしたことを差し引いた上で、タウトの言う「つくり手」として主体的に住居に関わる意識を確立したかと言えば、答えに窮してしまう。

タウトの住宅論は、建築と人の暮らしの関係を本質的に捉え直し、意識のレベルでの変革を求めているという意味で、いつの時代であっても一度立ち返らなければならない起点を示すものと言えるだろう。とりわけ、住まいの安らぎや快適性が盛んに叫ばれている今日こそ読まれるべき書であると思われる。我々の住まいというものを見直す契機としたいものである。

最後に、本書の翻訳にあたって、常に的確な助言とあたたかい励ましを下さった前東京大学教授横山正先生、広島大学教授杉本俊多先生、また、貴重な資料をお貸し下さった東京大学教授加藤道夫先生に厚く御礼申し上げさせていただきたい。

また、タウトの決して平易ではなく、社会に向けて扇動的に訴え、しかし時に皮肉を、時に機知を織り交ぜる独特の文体は度々訳者の頭を悩ませ、東京大学の廣瀬裕子氏の助言を必要とした。ここに記して心よりの謝意を表したい。

なお、行間から感じられる原文の味をなるべく日本文にも反映させたいという気持ちが訳者の中にはあり、それによってあるいは読みにくさを生じたかも知れない。不適切な部分があれば、それは訳者の責任であり、識者の御叱正、御教示を乞う次第である。

今回、翻訳の機会を与えて下さった中央公論美術出版の小菅勉氏、煩雑な編集作業に労して下さった同社編集部の鈴木拓士氏にも、紙上をお借りし深く御礼申し上げたい。

菲才な訳者による仕事ではあるが、本書を通して、私の尊敬して止まない建築家タウトの功績の一つを広く多くの方へお伝えできれば幸いである。

2004年　訳者

[訳者略歴]

斉藤　理（さいとう・ただし）

1998 年、東京大学大学院工学系研究科建築学専攻修了後、ドイツ学術交流会（DAAD）奨学生としてベルリン工科大学建築史・建築論・記念物保護研究所へ留学。2002 年より、東京理科大学、早稲田大学芸術学校非常勤講師。専門は、ドイツを中心とする近代建築史、建築色彩論。

ブルーノ・タウト
新しい住居
つくり手としての女性
©
平成十六年八月一日印刷
平成十六年八月十日発行
訳者　斉藤　理
発行者　小菅　勉
印刷　藤原印刷株式会社
製本　山田大成堂
用紙　王子製紙株式会社
中央公論美術出版
東京都中央区京橋二丁目八―七
電話〇三―三五六一―五九九三

ISBN4-8055-0473-0